100年、暮らしを紡ぐ家

夏涼しくて、冬暖かい ──
家族の健康を守る快適な日々

WELLNEST HOME

ドイツで出会った高気密・高断熱

2007年、私たちはドイツの
フライブルク旧市街を訪れました。
市内を歩くと、築後100年を経過した建物が
人々の手で健全に維持管理され、
歩道では子どもたちが地面に絵を描きながら
楽しそうに遊んでいました。

すべての住宅が高気密・高断熱でつくられており、
暑さや寒さといった身体的な負担がありません。

毎月支払う光熱費は
日本とはくらべものにならないくらい安く、
経済的な暮らしが営まれていました。

このときに見た光景が
ウェルネストホームの原点になっています。

100年、住み継ぐ家を—

家は、家族が安心して暮らすことができ、
たくさんの大切な思い出が育まれる場所。
そのような住まいは、
少しでも長く残したいとだれもが思うものです。

しかし、ここ日本では
住宅の平均寿命が
先進国の半分にも満たないとされています。

そこで、私たちはまず「長もち」を
徹底的に追求することから始めました。

長もちさせるためには
何より木を腐らせないことです。
その主な原因となる結露を防ぐためには
「気密」と「断熱」をしっかりと施すことが重要です。

何度も実証実験をしながらつくり上げた
ウェルネストホームの家は地震にも強く、
躯体全体で温度と湿度をコントロールするため、
「少ないエネルギー（省エネ）」で
「快適」な住空間を一年じゅう保ちます。

その快適さは
肌で感じる心地よさだけでなく、
騒音や音漏れの心配がいらない「遮音」、
暑さや寒さを気にせずにすむ「快眠」など、
安心してストレスなく暮らすことができ、
家族みんなに安全と健康をもたらします。

未来の子どもたちのために
日々、暮らしを紡いで
親から子へ、
その先の孫の世代へ——。

快適な住空間の家が
3世代にわたり住み継がれていくことが
持続可能な社会の実現に近づくと信じ、
私たちは「100年、住み継ぐ家」を
これからも思いを込めてつくり続けていきます。

CONTENTS

目次

TO LIVE HERE
FOR 100 YEARS
100年、住み継ぐために

Building with Wellnest Home
ウェルネストホームの家づくり

親から子、孫まで
3代100年住み継ぐために、
社長・芝山さゆりが
家づくりのポイントを説明します。

住まいは巣箱

Nest

住まいとは、たとえるならヒナ鳥を守る「巣」のようなもの。すくすくとそこで育ち、いつか巣立つときが来ても、いつでも帰ってこられる場所。その巣のなかで太陽のように輝いて、家族へ愛を注ぐのはお母さん。「家づくり＝巣づくり」として、お父さんだけではなくお母さんの思いが反映されるケースがとても多くなってきました。それは「赤ちゃんにとって安全な家」「子どもがリラックスできる家」「笑顔あふれるリビングのある家」「勉強や仕事に集中できる家」「将来、孫を連れて帰ってこられる家」などです。

今だけではなく、先々のことも想像しながらの家づくりは心躍るものです。思い出がつくられ、大切に守られ、それを孫の世代まで残すことができたら、とても素敵なことだと思いませんか。

せっかく大きなお金を使い、多くの夢を込めたマイホーム。住み始めてから使いにくいと後悔したり、電気代やメンテナンスコストなど想像以上の出費がかさんだり、暑さ寒さや騒音で悩み、心身の健康を損ねるようになったりしては、ネガティブな気持ちしか生まれません。

家族と安全かつ健康に暮らせ、思い出とともに次の世代へ住み継いでいける家。そんな「巣づくり」をしませんか。

日本の伝統的な建築物である「蔵」。夏の暑い日でもなかはひんやりとして、冬の寒い日には温もりを感じます。その理由は、建物によって内部の環境がコントロールされているから。蔵のように、どの季節でも温度と湿度が一定であることは、快適な住空間の大事な条件です。

人が過ごしやすいと感じるのは、温度25度前後、湿度50％前後の住空間といわれています。湿度は空気中に含まれている水分の割合のことで、温度が高くなると、空気はより多くの水分を含むことができます。この「高温多湿」な状態は、ものが腐ったりカビが生えたりする原因になると同時に、熱中症のリスクを高めます。また、WHOが"冬の室内温度を18度以上"と強く勧告していることからもわかるとおり、寒さが及ぼす健康被害についても知っておくべきでしょう。

温度と湿度が一定の住まいをつくる秘訣のひとつは、味噌や醤油が腐らず、骨董品にカビが生えない蔵の構造と同じように、自然素材を使うこと。紙の断熱材、無垢の木、漆喰など、調湿性能のある自然素材が使われた家は建物が自ら"呼吸"をし、快適な室内環境を保ちます。住む人の健康や快適さを左右する温度と湿度は、家づくりの重要なポイントです。

Temperature & Humidity

温度と湿度が一定で、とても快適

Comfortable

　私たちを照らす太陽は、自然がもたらすエネルギーそのものです。季節によって日の高さや長さが変化する、この自然の力を有効に活用できるよう設計された家は、エコであり、経済的です。建物の配置、窓の大きさや数、軒の深さ、庇の長さなどを考慮し、夏は太陽の光をさえぎり、逆に冬は積極的にとり入れることで、「夏は涼しく、冬は暖かい家」をつくるベースとします。

　自然の力と調和した家は快適に暮らすことのできる理想の住空間として、そこに住む人々に笑顔をもたらすでしょう。

　家そのものを外気温からの影響を受けにくいつくりにしておくことも重要。その1つめは「気密」。気密性にすぐれた家は"隙間のない家"のことで、冬場の隙間風による足元の冷えにも悩まされません。気密は家にとってのウインドブレーカーです。2つめは「断熱」です。屋根や天井、壁のなかに断熱材を充填し、窓や玄関ドアもその性能にすぐれたものを採用します。たとえるなら、断熱は家にとってのセーターです。

　このように気密性能と断熱性能がセットになれば、暑さや寒さをシャットアウトでき、一年を通して心地よい住まいをつくることができます。

Quiet

静かで、落ち着く

人や車の行き交う音、隣家からの生活音など、私たちのまわりには「音」があふれています。在宅勤務の広がりなどで、以前にくらべて家で過ごす時間が増えました。そのため、周囲の音に敏感になるのもいたしかたありません。

都市部で特に避けがたい音の問題は、住まいの遮音性能が解決のカギを握っています。住まいの気密性と断熱性を高めること、そして遮音性にすぐれた窓を採用すること。室内の温度や湿度を保つために考えられた住まいの構造は、静かで、落ち着いて過ごせる空間を実現し、質のよい睡眠のための環境も整えてくれます。

さらに、静かに過ごせる住まいはストレスも感じにくく、子どもにいつでもやさしいトーンで声をかけられます。集中力が高まって勉強や在宅ワークもはかどることでしょう。遮音性の高い住まいなら、楽器を弾くのが好きな子どもに、夜は演奏を控えるように言い聞かせる必要もありません。

「子どもがのびのび過ごせる家」は、子育て世代にとって理想的な住まいでもあります。遮音性の高い静かな住空間で、昼夜問わず周囲の音を気にせずに過ごせるとしたら、間違いなく暮らしの満足度はアップすることでしょう。

Wellness

太古の昔から住まいは家族団らんの場であり、気兼ねなく過ごせるよりどころ。時代に応じた素材や工法で、風雪をしのぎ暖をとる場所として発達してきました。

人生100年時代とされる現代は、安全かつ健康に住まい続けることができる家が求められる時代ともいえます。そこでまず注目すべきポイントは「結露」です。冬場、窓に結露が起きていれば、壁のなかも同様。木にとって水分は腐朽の原因になり、その結果カビが生え、カビをエサにするダニも繁殖するという悪循環が起こります。ダニはご存じのように、アレルギーを引き起こす原因物質です。

さらに、室内の温度や湿度に対して配慮のない家は、「ヒートショック」も起こします。ヒートショックとは、急激な温度差によって血圧や脈拍が変わること。たとえば冬、寝具のなかとトイレとでは温度差が20度にもなることがあり、脳梗塞や心筋梗塞などを引き起こすことも。

住まいが家族の健康を守る存在であることは、"あたりまえ"のことでなくてはなりません。どこにいても快適な温度＆湿度にコントロールされている家は、病気を未然に防ぐ家でもあります。結露もヒートショックも起きない住まいが、家族の健やかな暮らしを守ります。

家事がラク

Easy

　夫婦がともに仕事をもつ家庭が増えて、多くの人が家事のシェアや時短を意識するようになりました。食洗機やロボット掃除機などを導入することも負担を減らすアイディアのひとつかもしれませんが、もし"家事がラクになる家"があったら、よいと思いませんか。

　たとえば、洗濯。温度や湿度が快適に保たれた住まいは、季節や天気に関係なく室内干しで乾くうえ、イヤな臭いがしません。わざわざベランダへ移動して干したりとり込んだりは不要。花粉がつく、急な雨に濡れる、強風で飛ばされる、といったこともありません。

　また、水回りにカビやぬめり汚れが発生しにくく、浴室の掃除もラク。結露も起こらず、冬に家じゅうの窓を拭いて回る必要もありません。

　家の構造と同時に、「動線」も家事をスムーズにこなすための大切なポイント。行き止まりのないぐるりと回れる動線（＝回遊動線）をとり入れた住まいは、料理と洗濯の並行、掃除機をかける、ものをとり出す＆しまうといったことが負担にならず、すべての家事がスムーズです。

　家事がラクな家で時間にゆとりが生まれたら、家族とゆっくり穏やかに過ごす時間も自然と増えることでしょう。

Economical

マイホームを持とうとするとき、多くの人は「新居の建築費は総額いくらになるの？」と気にするでしょう。でも実は、その家に住んでからのコスト（＝ランニングコスト）も、気をつけないと高額になることを忘れてはいけません。

大きなランニングコストのひとつは修繕費。この先数十年暮らすなかで、内外装のメンテナンス、エアコンや水回り設備の交換などにかかる費用になります。漆喰や無垢の床材などの自然素材が使われた家は、経年変化がそのまま味わいになるメリットがあり、汚れたり削れたりした部分だけメンテナンスすればOK。

クロスやプリント合板の床材のように、劣化による全面張り替えなどは不要です。

そして、もうひとつの大きなランニングコストが光熱費。社会情勢の影響で電気代などのエネルギー価格が高騰しても、光熱費を抑えられる省エネな家を建てておけば、この先も安心して暮らせます。

そのためには、家づくりの際に気密性能と断熱性能にこだわり、外気温の影響を受けにくく、冷暖房効率の高い住まいにすることが大事。家づくりは、住んでからのコストや、これから人生にかかるコスト（＝ライフサイクルコスト）も含めて考えることが大切です。

家族がいつまでも安心して暮らせる家。子どもが、そして孫が住み継ぐことのできる家。よい家は、性能や価値が変わらずに長もちする「持続可能な家」です。

木造住宅に用いられる木材は、自然界で60年から80年かけて育った木。それを30年程度で建て替えや大型リフォームのために廃棄することは、木の成長のサイクルに見合っていません。サステナブルの観点からみれば、家を長もちさせることは住まいのSDGsといえます。

長もちさせるためには木を腐らせないことに着目し、気密性能や断熱性能にこだわることはもちろん、自分たちのライフスタイルに合った家を建てることも重要となります。ムダを省いた飽きのこないデザインや家具類に加え、広さや間取りも熟考したいところ。たとえば、4人家族の場合よくいわれる40坪で4LDKという数字の概念も、あくまで目安で、正解とはいえません。

長もちするからこそ、子どもの成長や巣立ち、結婚や出産や帰省、自身の老後の暮らしのことなども考えた住まいづくりが持続可能につながっていくことでしょう。そうすることで必要以上のコストをかけずに、省エネも見越した適正な広さと間取りの家ができるはずです。

Sustainable

持続可能な住まい

To last for 100 years

100年以上前に建てられた家があたりまえのようにあるヨーロッパ。彼らにとっては、家は建て替えるものではなく、受け継ぐものです。家を受け継いだ子どもは、メンテナンスやリフォームの費用を負担するだけで、高額なローン返済のためにあくせく働く必要がありません。

長もちする家は、あとに続く子どもや孫たちの豊かで、幸せな暮らしにつながるのです。

神社仏閣のように建物を長もちさせる技術と、蔵という快適な空間づくりのノウハウが日本にはあります。木と土と石と紙があれば、本来、家は建てることができるものです。それらの自然素材に、細部まで考え抜かれた設計と腕利きの職人さんの技巧とがかけ合わされて、温度や湿度のコントロールが可能な100年長もちする木造住宅が完成します。

温度や湿度をコントロールできない家は、壁のなかで結露が起こることによって、家の重要な構造部分である柱が腐ってしまいます。結露で構造部分にダメージを受けた家は、大きな地震が起きたときに耐え抜く力がないのは明らか。

健康で快適、経済的で頑丈な住まいが、そこに暮らす人に幸せをもたらす「100年、長もちする家」をつくるのです。

Chapter

2

LIFE IN
WELLNEST HOME
ウェルネストホームの暮らし

Spring & Summer
春・夏

ウェルネストホームの家に
実際に暮らす2組の家族を、
新緑の爽やかな「春」と
太陽が照りつける「夏」に訪ねました。

住めば住むほど、愛着の増す家

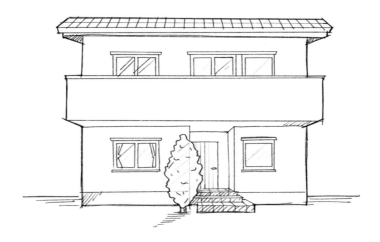

Sakurai House
in Spring

櫻井邸

LOCATION： 　大阪府
LAYOUT： 　3LDK+LOFT
FLOOR AREA： 　96.88㎡（29.30坪）
COMPLETION： 　2017年5月

Profile
会社員の理規さんと薬剤師として調剤薬局で
働く沙友里さんは2007年に結婚、2017年にマ
イホームを建てる。長女の志央梨ちゃん（12歳）、
長男の崇人くん（9歳）の4人家族。

上左・上右／リビングに「TRUCK furniture」のナラの無垢材のオープンシェルフを。マンガや料理本のほか、崇人くんが描いた絵やウェルネストホームの記念プレートなど思い出の品を飾っている。下／「愛知長久手モデルハウス」を参考に、この壁全面に天然木の板材を施した。「床も、モデルハウスで気持ちよさを体感した、名栗（なぐり）加工の床材を選びました」

団らんの場所に思い出の品を

上・下左／大阪の家具工房「oguma」に依頼した造作
キッチンは間口3mと広く、作業がスムーズ。キッチン
のタイルは「名古屋モザイク」で、沙友里さんが好きな
グレーを選択。下右／天板がステンレスの木製作業台
兼食器棚も「oguma」のもの。「調理から盛りつけまで、
ほとんど動かずに作業できます。収納力もあるし、引き
出しだから奥の器のとり出しもラク」

1階は光の入りが浅いため、LDKは2階に。「日中は2階で過ごしますが、夕方になっても明るいです」。明るさを重視する理規さんの希望で、南側を広くとった。日射や遮蔽がこまかく計算されたパッシブデザインなので、夏は太陽光が室内まで入らず、冬は奥まで入って暖かいことも気に入っている。

上／2階のトイレのスイッチプレートは「ANTRY」、洗面ボウルは「サンワカンパニー」のもの。階段はロフトに続いている。下／ロフトは理規さんの書斎の予定だったが、今は子どもたちの遊び場や来客用の寝室に。熱がこもりやすいとされるロフトは夏でも暑さを感じず、快適に過ごせるそう。「妻の弟はこのロフトで寝て、性能のよさを実感して、ウェルネストホームで家を建てました」

水回りをまとめて家事しやすく

上／「大きな鏡と掃除しやすいフラットな洗面台にこだわった」という洗面室。よく使うものは出し入れしやすさを優先して、見せる収納に。タオルはアイアンバーを2本とりつけて作ったラックに。下左・下右／洗濯物は休日は2階のベランダ、平日は洗面室につけた天井吊り下げタイプの物干しに。「ルナしっくい塗装壁は調湿効果があるので、乾きが早いです」

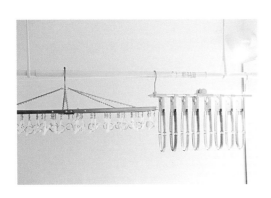

帰ってくるたび、家のよさを感じる

上左／沙友里さんの希望で玄関は広く。「家族が同時に靴を履けるので、出かけるときもスムーズです」　上右／階段は家の中心に。下左／寝室は壁の1面をグレーに。ベッドは大阪の家具店「オーキタ家具」。「1階なのに冬の朝も寒くなくて、布団から出たくないと思ったことがありません」　下右／ベッド脇に「タカタレムノス」の温湿度計を置き、温度と湿度を確認。

上左／1階のトイレは、夜中でも明るくなりすぎないように調光式ライトを採用。上右／マンション住まいの頃に収納が少ないのが悩みだったことから、収納スペースは多めに設けた。ウォーク・イン・クローゼットには季節外の服、階段下にはキャンプ道具を。下左・下右／左が志央梨ちゃん、右が崇人くんの部屋。無垢材のデスクは「オーキタ家具」で購入。

休日は母娘で大好きなお菓子づくり

上・下左／家で過ごす休日は沙友里さんと志央梨ちゃんでお菓子づくりを。今日はチョコレートのマカロン。下右／冷蔵庫はキッチンの脇に設けたパントリーのなかに。「冷蔵庫や電子レンジが見えないことで、生活感をぐっと抑えられます」。冷蔵庫奥にできた壁の向こう側のデッドスペースはウオーク・イン・クローゼットを広げ、ムダなく活用。

上左／近くに伊丹空港があり、多くの飛行機が行き交うが、「音はまったく気にならない」と理規さん。上右／南向きのベランダにロールカーテンを設置。「夏は日光を反射して熱を遮断します」　下左／「TRUCK furniture」の「FK SOFA」は、家族全員のお気に入り。「空間を広く使いたかったので、1.5シーターを選びました。子どもたちはここが定位置です」　下右／LDKに入る階段脇の壁に、お気に入りの家族写真を貼って。

家族がそろう休日は、みんなで公園へ

外壁は「愛知長久手モデルハウス」を参考にグレーがかったホワイトに。「職人のかたが手作業で塗る姿を見て、とても感動しました」。ドアもモデルハウスと同じ、断熱性能にすぐれた「ガデリウス・インダストリー」のスウェーデンドアを採用。家族そろったこの休日は、みんなで近くの公園へ。遊具で遊んだり、サッカーをしたり。

子どもたちが外に出たがらないほど
一年じゅう気持ちよく過ごせる

　木々の緑が濃さを増す、5月の終わり。外は夏が近いことを感じさせる暑さにもかかわらず、櫻井邸はエアコンなしでも快適さが保たれている。

　「暑さや寒さを感じないだけではなく、湿度もちょうどよくて、まるでハワイのような気持ちよさです」と理規さん。「住んで6年ですが、初めて家に入ったときに感じた心地よさは今も変わりません」と沙友里さんも声をそろえる。

　大阪で生まれ育った理規さんは、就職後、転勤で香川へ。香川が地元の沙友里さんと出会って結婚し、神奈川へ転勤。結婚後はマンション暮らしだったが、子育てが始まると手狭だと感じるように。

　「家を構えるのは夢でしたが、転勤族なのでタイミングがむずかしいと思っていました。大阪に転勤になって、今の家の近くに住んだら、妻が周辺の環境を気に入って。香川にも近くて、長女の小学校入学の時期とも合ったので、このエリアで建てようと決めました」

　当初は「デザイン性にすぐれた家」を考えていたが、理規さんの同僚のすすめで読んだ本で家の性能の重要性を知る。さっそくWEBで天然繊維を原料とする断熱材「セルロースファイバー」を検索しウェルネストホームに出会った。

　「モデルハウスに入った瞬間、マイナスイオンを浴びているような空気と木の温もりを感じて驚きました。なぜこんなに心地いいのかを聞き、主に高気密、高断熱と自然素材によるものだとわかって、一気にとりこになったんです」

　その体感が忘れられなかったことと、ちょうどウェルネストホームの支店が大阪にできたことに縁を感じて依頼。だが予算に対して土地代が高めだったため、土地探しは難航する。相談した不動産屋さんには、住宅会社をかえれば安く建てられ土地も見つかると言われたが、「ほかで建てるくらいならマンションのほうがいい」と気持ちは揺るがなかった。

　依頼してから、約1年半後に竣工。

　「初めてリビングに入ったとき、納得のいく家ができたと身にしみて思った」という。沙友里さんの希望で、2階に水回りを配置。仕事と育児を両立させるには「家事をいかに短時間で終えるか」が日々のキーポイント。リビングを狭くしても"料理をする、洗濯物を干してとり込み、たたんでしまう"動作をワンフロアで完結できるようにした。効率よく動けることで、「毎朝、音楽を聴きながら掃除をする時間が楽しい」と語る。

　住み始めた頃はもちろん、今でも旅行や外出先から帰るたびに「本当にいい家やなあ」と口にするというふたり。

　「子どもたちも家が好きで、インドアになって外に出たがらないんです」

　そう話す表情が、家で過ごすことが何より幸せだということを物語っていた。

2F

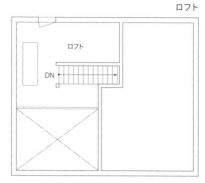

ロフト

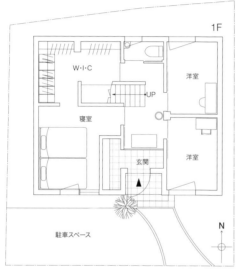

1F

FROM THE SALES STAFF
営業担当・山部良明

ご要望エリアは人気が高く、ご希望の条件に合う土地を探すのはたいへんでした。でも、弊社の家づくりに深く共感してくださっていたので、その思いに応えたい一心で探し、半年後に見つけることができました。打ち合わせに伺った際、志央梨ちゃんが家の間取り図を描いてプレゼントしてくれたのもいい思い出です。

DATA

家族構成：	夫婦＋子ども2人
敷地面積：	101.08㎡（30.57坪）
建築面積：	49.27㎡（14.90坪）
延べ床面積：	96.88㎡（29.30坪）
	1F 47.61㎡ + 2F 49.27㎡
建ぺい／容積率：	60/160%
構造・工法：	木造2階建て（在来工法）
設計／施工：	ウェルネストホーム／和宇

思い出を刻み、ともに成長する

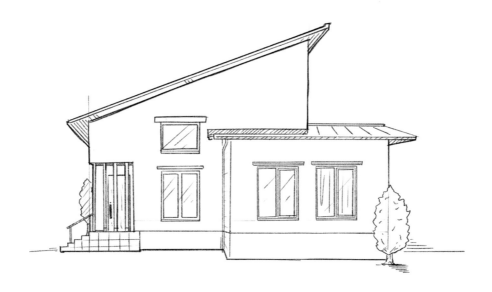

Tomiie House
in Summer

冨家邸

LOCATION：	香川県	
LAYOUT：	4LDK＋小屋裏収納	
FLOOR AREA：	100.81㎡（30.49坪）	
COMPLETION：	2022年2月	

Profile
電力会社で働く速人さんと妻の愛奈さんは、2019年に結婚。蒼真くん（11カ月）と3人暮らし。キャンプが趣味で、庭でデイキャンプを楽しみつつ、蒼真くんが少し大きくなったらキャンプ場に行きたいそう。

上左／白い外壁とグレーの門柱に黒いポストで引き締めて。「ウェルネストホームの施工例を参考にしました」上右／左側にはスライドさせるとコートもかけられる、ゆとりのあるシューズクローク。下左・下右／床は突き合わせ部分の隙間が少ないヨーロピアンオークに。

無彩色と木でまとめた落ち着く空間

上／ダイニングテーブルの上に2つ並べた真鍮のペンダントランプは「FUTAGAMI」のもの。下／「開放感があって気持ちがいい」というリビング。「今はゆっくりする時間はほぼありませんが、ひとりの時間はソファでくつろぐのが楽しみ」と愛奈さん。

上／キッチンは耐久性があり、手入れがラクな「タカラスタンダード」のホーローキッチン。下／「キッチンに合うものを探していて、ひと目惚れした」というテーブルは香川の家具店「西岡家具」。「地元で作られていることと、モルタルの質感に惹かれました」

キッチンとダイニングを横並びに

上／家族とコミュニケーションがとりやすいように、キッチンとダイニングを横並びに。「配膳と片づけもラクです」。窓からは速人さんのお父さまが丹精を込めて米を育てている田んぼが見える。下／キッチンの壁面の棚には、蒼真くんのファーストアートや香川の雑貨店「ラテ」で買ったマグカップなど、お気に入りだけを。キッチン家電はグレーの壁に合う黒で統一。

リビング階段は空間が引き締まる黒に

上／階段はこだわったポイントのひとつ。光をとり込み
やすいストリップ階段を採用し、木材に黒い塗装を施
してインダストリアルな雰囲気に。下／エアコンは1階
と2階に1台ずつ設置。「夏は2階、冬は1階と、1台
稼働させるだけで快適な温度が保てます」

上左／エアコンの風を循環させるためにシーリングファンを。上右／おもちゃ収納棚は「イケア」。「木でそろえたくて選びました」下左・下右／広々としたファミリークローゼット。蒼真くんの服は自分で手にとれる高さに。可動式なので、成長に合わせて変えられる。

上／木にこだわって選んだ洗面台は「アイカ工業」の
もの。「造作の大きな鏡とグレーのタイルも気に入って
います」 下左／浴室と洗面室、ファミリークローゼッ
トが一直線の間取りなので、身支度や洗濯物の片づけ
がスムーズ。下右／洗濯物は基本的に部屋干しなので、
脱衣室を広めにとった。「調湿性にすぐれた家なので、
夜干すと、朝には乾いています」

大好きなキャンブ道具を飾って

上左・上右／速人さんの希望でつくった3畳の書斎。今は資格試験の勉強をするときに使っている。「今後、家族が増えたときに子ども部屋にすることも考えて、少し広めにしました」。空気が循環するように、部屋の扉は開けっぱなしにしておくことが多いそう。下右／集めているキャンブ道具はしまい込まず、見せる収納に。下左／家の模型は思い出として大事に飾っている。

晴れた日は家族でデイキャンプ

晴れた休日はタープを張って、デイキャンプを楽しむことも。「デイキャンプをするために、庭に芝生を植えました。手入れや雑草抜きがたいへんですが、楽しむためと思うと身が入ります」。蒼真くんも芝生の感触を確かめながら歩いたり、プールで水遊びをしたり。

いつの日か息子や孫に
家を受け継いでもらいたい

　風になびく青々とした稲の向こうに、白い外壁の家が見える。堂々とした大屋根が目を引く冨家邸は、速人さんが生まれ育った場所に半年前に建ったばかり。住んでから日は浅いが、迎えてくれたその顔から、ふたりがこの家で過ごすのを心から楽しんでいるのが伝わってくる。
　「真四角の総2階より、段差がある屋根の見た目が好きなので、大屋根にしました」と速人さん。「入居したのは2月で、外はとても寒かったのですが、初めて家の中に入った瞬間、暖かくて感動！　夏も暑いなか、帰ってくると、いつも室内が涼しくて気持ちがいいんです」と愛奈さんが続ける。
　結婚当初の住まいは、今の家からほど近い場所にあるアパート。だが、「子どもは一軒家で育てたい」という思いがあり、しだいに家づくりについて真剣に考えるように。
　はじめはデザイン重視で、いくつかの大手メーカーの住宅展示場に足を運んだが、いろいろ見るうちに何がいいかわからなくなり、調べていくほど住まいの性能の大切さを知るようになり、その流れで「ウェルネストホーム」を知る。
　「モデルハウスを訪ねた日は雨で、春にしては寒かったのですが、室内が暖かくて。暖かさの理由や、どの部屋も一定の温度に保たれることを聞いて驚きました。それまで『性能はどこもそんなに変わら

ないかな』と考えていたのに、デザインはどうにでもなるから性能がいい家に住みたいと思うようになったんです」
　デザインは二の次になったとはいえ、「経年変化が楽しめる自然素材を使っていて、シンプルでよかった」とふたり。「トータルコストの安さと“100年住める家”であることも大きかった」という。
　間取りに関しては、家事をしやすい動線やキッチンとダイニングを横並びにすることも望んだが、何より重きをおいたのはリビング階段。リビング階段をつくることで、子ども部屋へはリビングを通らないと行けないつくりに。また、子ども部屋はあえて小さめにつくった。どちらも子どもが大きくなったとき、少しでもリビングで家族が顔を合わせる時間を増やしたいという思いからだ。
　家と同じくらい、愛着を感じているのが庭。休日は家事をする愛奈さんの横で蒼真くんが遊び、速人さんはデイキャンプの準備にいそしむ。タープを張り、テーブルセットを並べたら調理をスタート。「太陽の下で、ダッチオーブンで焼いたピザやホットサンドを食べるのが楽しいんです」と話す顔がほころぶ。
　「私たちにとって家は、家族とともに成長できる場所。床に傷がついたり、梁や柱に味わいが増すなかでたくさんの思い出を重ねて、いつかは息子、さらに孫に受け継いでもらえたらと思っています」

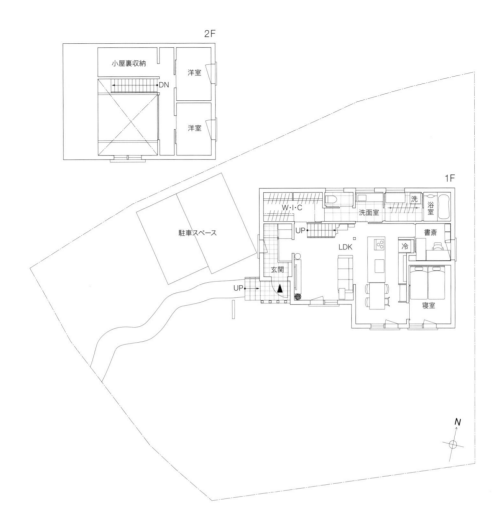

2F

小屋裏収納

洋室

洋室

DN

1F

W・I・C

洗面室

洗

浴室

UP

駐車スペース

LDK

書斎

冷

玄関

寝室

UP

UP

N

FROM THE ARCHITECT
建築設計者・前岡奈緒

大きな道路から見た印象を重視して、大屋根を選択されましたが、模型をごらんになったときに喜んでくださったことが印象に残っています。1階にボリュームをもたせたプランで、ご家族が集まりたいと思えるような、広がりを感じる開放的な空間のなかでのお子さまの成長も楽しみです。

DATA

家族構成	夫婦＋子ども1人
敷地面積	435.03㎡（131.59坪）
建築面積	80.53㎡（24.36坪）
延べ床面積	100.81㎡（30.49坪）
	1F 78.04㎡＋2F 22.77㎡
建ぺい／容積率	70/200%
構造・工法	木造2階建て（在来工法）
設計・施工	ウェルネストホーム / 石川組

Chapter

3

HISTORY OF
WELLNEST HOME
ウェルネストホームの歴史

Before Establishment to Present
設立前のことから現在まで

ウェルネストホーム
設立までのこと、
社名変更、現在までの
歴史をまとめました。

住宅会社設立までの
苦悩と挑戦

創業者・早田宏徳、幼年から社会人へ

1973—

父と訪れた工事現場が遊び場

1973年に長崎市で生まれた私（ウェルネストホーム創業者・早田宏徳）は、両親が共働きのため、10歳まで母方の祖父母の家で育ちました。

母方の祖父は左官屋（※1）、父方の祖父は早くして亡くなったのですが、原爆の被害を受けた長崎の復興に尽力した、建築界で一目置かれる親方でした。

その後10歳のとき、両親、祖父母と暮らし始めることになったのですが、父も親方を務めていたため、家には若い職人さんが下宿。たまに、父に現場に連れていってもらっては、余ったタイルをパズルのように並べたり、職人さんにキン肉マン消しゴムをもらったりして遊んでいました。職人さんはみなさん、やさしくていい人ばかり。職人さんを大切にするウェルネストホームの原点は、この幼少期の経験にあるのかもしれません。

小学5年から新聞配達を始めた私は、6年のときにNECのPC8801を自分で

2歳下の弟といっしょに。弟は現在、ウェルネストホームの営業を担当している。

購入。「信長の野望」や「三国志」などのシミュレーションゲームに、弟と熱中していました。暮らしていた借家は築60年、70年たっている古い建物でしたが、縁側を自分でブラインドのようなもので仕切って、3畳ほどの部屋をもてたのが、とてもうれしかったのを覚えています。

中学の3年間は陸上競技に明け暮れ、100m走で県大会優勝。しかし、中学3年のときの県大会にはケガで出られず、授業料などが免除される特待生として高校へ進学することはかないませんでした。

そこで、神奈川県にあった国家公務員として給料をもらいながら学ぶことができる「陸上自衛隊少年工科学校」に合格して進学。長崎から遠く離れ、とても厳しい3年間でしたが、体力や精神力を大いに養うことができました。

※1 左官屋

壁や床などに、漆喰や砂壁、モルタル、コンクリートなどの素材を「コテ」を使って塗り、仕上げを施す職人。日本の伝統建築には欠かせない。

職人さんが働きやすい環境を

陸上自衛隊少年工科学校を卒業した私は、18歳から父とともに左官職人として働き始めました。ときは1992年。まだ、バブルの余韻が残っていた頃で、父は長崎から東京へ出てきて左官業を営んでいました。超高層ビルや国際会議場など大規模な仕事を受注し、とても忙しくしていました。そんな父のもとで、職人としての腕を磨くとともに、私が心がけていたのが、「職人さんたちが働きやすい環境を整えること」です。

朝5時には現場に行って、職人さんたちが来たときには熱いコーヒーや冷たいコーヒーが飲めるように準備しておく。材料を練って足場の上まで持っていく。職人さんたちに気持ちよく仕事をしてもらうことで、工事全体もスムーズに進み、その分、新たな仕事が受注できて売り上げも伸びる。このように多くの職人さんとともに働く経験は、今の住宅の仕事にも十分に生かされています。

21歳で外壁工事請負業をスタート

バブル崩壊の影響が建築業界にも見え始めた1994年、私は左官職人として改めて経験を積み始めました。そのなかで、自分で外壁工事請負業をスタート。21歳だった私は、重たいサイディング（※2）を効率よく運ぶユニック車（※3）などは持っていませんでした。そこで、知り合いの工務店の社長に、ユニック車が使われていない夜間に車を貸してもらい、サイディングを明け方までに運搬するようにしました。また、サイディング工事自体についても、だれよりもていねいに行うことを心がけるうちに、仕事が軌道にのり始め、年間に約800棟のサイディング工事の販売施工管理を行わせていただくまでになりました。

そして23歳の頃、サイディング工事の仕事をいただいていた山梨の工務店の社長に、サイディングの事業ごとヘッドハンティングしていただき、住宅業界へ足を踏み入れることになったのです。

※2 サイディング

建物の外側に張る外壁材の一種。パネル状になっており、施工が簡単で工期が短縮できるのが特徴。窯業系や金属系、木質系、樹脂系などの種類がある。

※3 ユニック車

トラックの運転席と荷台の間に、小型のクレーンを装備している車両のこと。正式名称は「搭載型トラッククレーン」。さまざまな現場で使われている。

23歳から住宅業界へ

1996−

全国30カ所以上の工務店を巡る

　初めての住宅業界で、年間100棟ほどだった施工実績を120棟、150棟と順調に伸ばしていた矢先、これまでに住宅を建築していただいた施主さまから、「外壁が凸凹と波打っている」という声が寄せられたのです。

　原因は気密性・断熱性が低く、壁のなかの柱やベニヤ板が夏には高温に、冬には冷気にさらされ収縮をくり返すうちに、亀裂が入ったり割れたりしていたのです。

　その山梨の工務店だけではありません。当時、多くの人に夢のマイホームを届けることを優先するあまり、大量生産の資材を使い、気密性・断熱性も確保されていない、いわゆるローコスト住宅を販売し始めた住宅会社は多くありました。そこでも同様の問題が発生していたのです。「このままでは、マイホームが家族の幸せを壊すことになってしまう！」

　そう強い危機感を覚えた私は、全国の優良な工務店を巡り、勉強させてほしい

山梨の工務店と仙台の住宅会社を兼任しながら、住宅業界で働き始めた頃の一枚。今となってはネクタイ姿が懐かしい。

と社長に直談判。全国三十数カ所の工務店を訪れ、家づくりを勉強するなかで、仙台に拠点を置くある住宅メーカーと出会ったのです。

1998年から省エネ住宅を学ぶ

　仙台の住宅メーカーが建てていた家は、木部と合板の継ぎ目に将来にわたり隙間ができないよう復元性のあるゴムをさし込んだり、合板が腐らないよう6面すべてにアルミ箔を巻いたりと、気密性・断熱性を高めた、当時としてはとても先進的な住宅でした。しかも、国産材100％で、林業家とタッグを組み、木を切った分と同じだけ山を守るために植林するという取り組みも行っていました。さらに、

社長は私と同じ左官屋出身で、職人さんをとても大切にされていたのです。

前年の1997年には、先進国の温室効果ガスの削減目標を定めた「京都議定書」（※1）が採択され、これからは住宅も省エネ化が求められる時代がくると、私は感じていました。こうしたさまざまな要因が重なり、仙台の住宅メーカーの社長と家に惚れ込んだ私は、「ぜひ弟子にしてほしい」と山梨から通い詰め、8回めに許されて弟子入り。フランチャイズ第1号として家づくりを学び、山梨を拠点に気密性・断熱性の高い、国産材100％の家づくりをスタートしたのです。

年間300棟を販売する責任者に

仙台の住宅メーカーと出会ったのが、25歳のこと。それから山梨の会社に所属しながら、フランチャイズとして仙台の住宅メーカーの家を建て続け、全国に20社ほどフランチャイズの仲間を広げました。そして2002年29歳のとき、若い

頃からたいへんお世話になった山梨の工務店を離れ、仙台の住宅メーカーに移ることを決意したのです。移籍してからは、仙台で年間300棟を販売する責任者を任され、取締役も務めることになりました。

2003年頃からは、日本でもトップクラスのエコロジカルな住宅を手がけている会社として知られるようになり、いろいろなところに呼ばれて講演活動も行うようになりました。

森林保全に積極的にとり組んでいた、坂本龍一さんをはじめとした多数の著名なアーティストのかたがたといっしょに、イベントなどにも参加していました。

そして2007年、グループ全体で年間約1000棟を建てるまでになりました。私はよい住宅をつくるためにこれまでたくさん学び、それを広めようと懸命に販売してきたという自分なりの誇りと自信をもっていました。しかし、より高みをめざそうと初めて訪れた住宅の先進国であるドイツで、その自信は見事に打ち砕かれたのです。

※1 京都議定書

1997年に京都市で開催されたCOP3で採択された国際協定。先進国の各国が二酸化炭素などの温室効果ガスをどのくらい削減するか、数値目標が定められた。

同じような高さの集合住宅が立ち並ぶ、ドイツのフライ
ブルク市にあるヴォーバン地区。

ドイツへの訪問で受けた衝撃

2007−

日本の最高級はドイツの最低限!?

2007年に私をドイツに誘ってくれたのは、1997年からドイツで持続可能な街づくりや交通計画、エネルギーなどをテーマに先進事例を分析し、関連著書も多数出版しているジャーナリスト・環境コンサルタントの村上敦さんです。

その後、とても重要なパートナーになる村上さんに誘われ、ドイツを訪れた私は、「日本でトップクラスの家をつくっている」という自信を、粉々に打ち砕かれました。私がつくっていた家は、「ドイツでは建築基準を満たさず、建てられない家」だったのです。

何がそこまで違うのか。ひと言でいえば「気密性・断熱性」です。私が最高レベルだと思い込んでいた家は、ドイツの家にくらべると「冬は寒く、夏は暑くて湿度が高い」のです。いっぽう、ドイツの家は「一年じゅう、室内が快適な温度と湿度に保たれる」のが当然という考えのもとにつくられていました。

ドイツでは、ロシアなどの海外からの資源輸入量を抑え、原発がなくても快適に暮らせる社会をめざして、1977年から40年以上もかけて段階的に、「建築基準法」の省エネに関する基準を厳しくし、エネルギーを使わない建物の普及に国全体で力を入れてきました。そのなかで、2008年にEU全土で義務化されたのが「エネルギーパス」（※1）です。

家にも燃費のモノサシを!

「エネルギーパス」とは、「家の燃費」を表す証明書です。これから家を借りよう、買おうとする人にとって、光熱費がかからない家のほうがうれしいですよね。そこでEUでは、家賃とあわせて「1年間の光熱費がどれくらいかかるのか」がわかる、数値の表示を義務化。いっぽう、大家さんに対しては省エネリフォームに対して補助金を出しました。

これにより光熱費が高い家が自然淘汰され、省エネ性の高い家が増えていきま

※1 エネルギーパス

EUで義務化されている「家の燃費」を表す証明書。1年間を通して快適な室温を保つために必要なエネルギーを、床面積1㎡あたり○○kW時で表示している。

ドイツを訪れた初期の頃の様子（ヴォーバン地区の集合住宅前にて）。

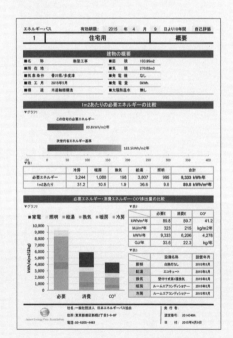

EU全土で義務化されている、「家の燃費」を表示する証明書「エネルギーパス」を日本に導入。

した。エネルギーをムダ遣いしない家が増えれば、家計にやさしいだけでなく、国全体としても化石燃料などの輸入量が減り、CO_2の排出量も削減できます。ドイツでは10年間でエネルギー輸入にかかる費用が約2兆円も減ったそうです。これは1年間に限った話ではありません。燃費のいい家があり続ける限り、毎年2兆円を削減できるのです。

　ドイツを訪問して以降、数カ月ごとにドイツの村上さんのもとを訪れ、家づくりだけでなく、さまざまな先進事例について学んでいた私は、「日本でも省エネ性能にすぐれた住宅を広めるために、『エネルギーパス』を導入するしかない！」と考え、約2000万円を仲間とともに集め、エネルギーパスのプログラムをドイツ語から日本語に訳し、日本にもち込みました。

　2011年には、「日本エネルギーパス協会」を設立。初代代表理事を務めましたが、現在は、ともに協会を立ち上げた今泉太爾さんにその職を譲り、私は理事を務めています。

ドイツで衝撃を受けた家を日本に広めるため、全国で
開催したセミナーは年間200回を超える。

省エネ住宅の魅力を広める日々

初めてドイツを訪れた私は、仙台へと戻り、社長に「ドイツで衝撃を受けた家を建てさせてほしい！」と頼み込みましたが、何度話をしても首を縦に振ってもらえません。そこで、私は自分の給料を下げ、その分、週2〜3日を自由にさせてほしいとお願いし了承を得ました。

こうしてできた時間を使って全国に足を運び、講演やセミナーをスタートしました。ドイツのような「省エネ性にすぐれた100年長もちする家」を日本で広めたいといっても、私ひとりががんばっただけでは、建てられる棟数は限られています。それよりも共感してくれる同志を増やすことが先決だと考え、これまで家をつくってきた建築関係者や職人さんたちに語り続けたのです。

最初は理解されないこともありましたが、「省エネルギーの家であれば長い目で見てとても経済的なこと」「100年長もちする家は子や孫の世代まで幸せにす

ること」「一年じゅう温度と湿度が保たれた快適な暮らしが実現できること」「家が原因となる病気を予防できること」などについてデータを示しながらお話しし、仲間を増やしていきました。

現在、全国に30社を超えるウェルネストホームの躯体をつくり上げる職人集団、「ウェルネストエンジニアリング」（※1）のメンバーと出会ったのもこの頃。さらに、現在ウェルネストホームの代表取締役社長である芝山さゆりや、取締役で総務経理責任者の近藤智と巡り会ったのも、講演活動を始めてからです。2008年に住宅関連のコンサルティング会社を設立し、そこで得られる収入が仙台の住宅メーカーの給料を上回ったときを区切りに、とてもお世話になった仙台の会社を去る決意をしました。

※1 ウェルネストエンジニアリング

ウェルネストホームの認定工務店。認定を受けるためには、本部の研修を受講し、一定以上の技術水準があると認められること、高品質な施工を行い、継続的な本部のチェックに合格し続けることが必要。

ドイツ省エネ建築行政のトップだったハンス・ディータ
＝ヘグナー氏（中央）、村上敦氏（右）とともに。

2012年、ついに住宅会社を設立

　講演やセミナーで全国をとび回っていた頃、発生したのが東日本大震災です。それに伴い、社会の省エネへの関心が一気に高まりました。私たちは大手住宅会社や建材メーカー、エネルギー会社などの支援を受け、2011年は全国で220回・約3万人に向けて講演を行いました。

　そのたびに、多くの建築関係者や職人さんが、高性能な省エネ住宅の必要性について共感してくれましたが、性能が高い分、一般的なハウスメーカーの家よりも材料費はかかり、工期も長くなります。職人さんの技術レベルを上げるための教育にも投資が必要となり、建てるまでの一歩を踏み出す会社は出てきませんでした。ならば「まずは自分たちで建築して見てもらうしかない」という思いが日に日に高まっていきました。

　同志たちと力を合わせ、2012年、四国・高松の地に住宅会社を創業することを決意したのです。

ゴールは持続可能な街づくり

　これまで40回以上ドイツを訪れている私は、省エネ住宅に関してだけでなく、「エネルギー政策」や「公共交通」「都市計画」「環境保護」などについても、村上敦さんや現地ドイツのかたのもとで、多くのことを学んできました。ドイツではこの4つのテーマについてバラバラに考えるのではなく、共通の目標のもとにとり組まれています。その目標とはひと言でいうなら、「未来の子どもたちの幸せのために」です。ドイツでは人間だけでなく、動植物を含む命あるものすべてのことを考え、街づくりが行われています。

　私もこのような「持続可能な街をつくりたい！」と当時思い描いた最終目標を実現するため、現在、北海道のニセコ町でとり組んでいます。そのことについては、6章でくわしくお話しします。

教員、専業主婦を経て
創業者と出会い、入社するまで

社長・芝山さゆり、幼年から社会人へ

1971−

父の背中を見て育った少女時代

1971年、私（ウェルネストホーム社長・芝山さゆり）は三重県伊勢市で生まれました。伊勢市といえば、伊勢神宮のお膝元。私は礼儀作法やしきたりといった昔の人たちが重んじてきたことを大事にしていますが、それは生まれ育った土地の影響かもしれません。20年に一度行われる「式年遷宮」もそのひとつ。人材の育成と技術の継承という「過去から現在、現在から未来へ」と続く歴史や伝統にも非常に興味をもっています。おかげ参りとおかげさまという2つの意味を込めてつくられた「おかげ横丁」も大好きです。伊勢特有の街並みの美しさもそうですが、感謝という思いで紡がれてきた人と人、そして、人と歴史のつながりを感じられるのもとても心地よいものです。

当時、私の父は職人をこころざす若者を集めて給料を支払いながら技術を身につけてもらい、一人前に育てて現場に送り出すという、人材派遣業のはしりのような仕事をしていました。仕事は順調だったようで、いつも20人くらいの職人さんを抱えていました。

父には一等航海士になるという夢がありましたが、家庭の事情で高校進学をあきらめざるをえなかったんです。だからなのか、手に職をつけるといったことには大賛成で、小さい頃はピアニストになりたいと思っていた私に思う存分ピアノを習わせてくれました。

父の教えで、今も私のなかで生きているのが「人間観察」です。百貨店の入り口で、「あのおじちゃん、どんな仕事をしていると思う？」「あのおばちゃん、どんな性格だと思う？」と、父はまだ3歳くらいだった私にたずねてくるんです。

そのうち私は、「カバンが高そうだからお金持ちだと思う」なんて答えられるようになっていました。父いわく、「俺が稼げるようになったのは、人と仲よくなって、かわいがってもらえたからだ」と。そして「その秘訣は、相手をよく観察することだ」と教えられました。

父と、教育実習で出会った
幼稚園の園長さん。
2人の"師匠"が生き方のお手本に

この先、私が周囲の人にかわいがられて、人生がうまくいくようにと、人間観察のすべを教えてくれていたんですね。父は私にとって、親であると同時にメンターでもあります。

憧れの女性との出会い

1990年、19歳だった私は、自分のメンターとなる、もうひとりの人物と出会います。それは、教育実習に行った幼稚園の園長さん。4人の子どもを女手ひとつで育てながら、型にはまらない幼稚園運営をされていて、それはそれはとても厳しい人でした。まわりの実習生が一歩引いてしまうなか、私は一歩前へ出てめげずに園長先生に食らいついていきました。あるとき、家でリンゴの皮むきをひと晩中、指先を何カ所も切りながら練習をし、翌日絆創膏だらけの手で皮むきをした際に、上手さではなく、努力したことに目を向けてほめてくれたんです。「あんたは若い頃の私に似ている。がんばれ」

"音"を用いて子どもたちの可能性を引き出していた、小学校の音楽教師時代の20代の頃。

と声をかけてもらった喜びは今でも覚えています。私も園長のような強い女性、自分を律せる女性になりたいという思いがかたまり、同じような幼稚園をつくりたいという夢ができました。その後、小学校の音楽教師になり、得意の音楽を生かして子どもたちの感受力や創造力、可能性を伸ばす教育に努めました。

結婚と出産を機に専業主婦となり、2人の娘にも恵まれ、数年間は「○○ちゃんのママ」として子育て中心の生活を送っていました。

そんな日を送るなか、長女が3歳の頃、歯医者さんに行った帰りに「私、痛くない歯医者さんになる」と言ったんです。私は、その夢を実現させるために自分の手で稼ごうと決意しました。

創業者・早田宏徳と出会う

2008－

夢追い人、早田との出会い

　通信機器の代理店事業を始めていた私は、賞を何度かいただくほどの営業成績をあげることができました。結果を出すとさまざまなセミナーに講演者として呼ばれるようになり、そんなセミナー会場で同じ講演者として参加していたある人物と出会います。それが早田宏徳でした。

　控室でテキパキとお弁当を配ったりしていた私を、早田は会場スタッフだと思っていたようです（笑）。そのスタッフらしき女性が、講演者として登壇していることにまずびっくり。さらに、会場を盛り上げていることに2度めのびっくり。早田は「あの女性はいったい何者？」と思ったそうです。

　このとき、私は住宅業界のことはさっぱりでしたが、早田が話していた「家とは本来、木と石と土と紙があればつくることができる」というフレーズがとても強く印象に残りました。

　その1カ月後、建築関係のセミナーで

親子で参加する「お母さんの心得セミナー」と「子どもの心得セミナー」を同時開催したときの様子。

また早田といっしょになり、彼の講演を聴いていた参加者が目を輝かせて「すごかった！」と話しながら帰っていく姿を見て、今度は私が「この人やるな」と思いました。

　それで、私が企画した三重県でのセミナーに早田を招いたんです。改めてきちんと耳を傾けて講演を聴きました。家づくりの技術はもちろんですが、その奥にある「家は一代のものではなく、子、孫へ引き継いでいくもの。それが未来の子どもたちのためになることだから」という考えに、とても感銘を受けました。

　早田はたったひとりでもそれを実現するんだという、強い信念をもった夢追い人でした。

たたき上げの信念の強さ

　話が少しそれますが、私の父は田中角栄さんが大好きでした。だれもが知っている昭和の総理大臣ですよね。父が食事中にいつも角栄さんの演説映像を流していたこともあって、子どもながら私も大好きになりました。演説中の角栄さんって独特の話し方をしますよね。あれはベースに浪曲があるんです。子どもの頃に吃音症があっていじめられた彼に、お母さんが浪曲を聞かせて、そうと気づかせない話し方を教えたそうです。

　お金がなくて苦しい生活を強いられていた彼は、まだ小学生の身で親戚中に頭下げてお金を借りに行ったそうです。その後、建築会社を興して政治家になるわけですが、話術とか交渉術とか、彼は全部現場で学んだんですよね。家庭の事情で高校に行けなかった父は、「角栄さんは中卒の光や」と言っていました。

　そう、早田宏徳も中卒で、数々の現場で学んできた人物なんです。私は早田に角栄さんのようなたたき上げの強さを感じていたのかもしれません。

　2008年のその頃、私はこれまで培ったスキルを生かして、人材教育のコンサル業をしていました。早田とは定期的にミーティングで顔を合わせていましたが、突然早田のほうから、「自分の会社の専務になってくれないか」と打診がありました。もっと広く発信していくために私の力が必要だということでした。

　早田の申し出を受けるということは、日本じゅうをとび回って仕事をするということ。2人の娘の子育てまっただなかで、当時の私には家を空けるという選択を考えたこともありませんでした。

　そもそも私は、住宅に関わったことのない素人です。「自分は力になれない」「私は三重県で勝負する」と断り続けていたところ、早田から「答えを出す前に、一度ドイツの街を訪れてほしい」と言われたんです。

　これが、私の人生を変える大きなターニングポイントとなりました。

ドイツで「100年もつ家」を体感

2009年、私は初めてドイツ・フライブルク市を訪れました。そのときの衝撃は今でも忘れられません。

それまで地元の三重県は、暮らしやすいところだと思っていました。でも、ドイツのこの街の人々は、それ以上にみんなが幸せそうなんです。日曜日は休息日で、街で開いているのはカフェくらい。北海道と同じくらいの気候なのに、訪ねた家々がみんな暖かい。さらにこれらの家々は、100年もつというじゃないですか。日本のように、10年に一度リフォームする必要もありません。

カルチャーショックの連続で、早田に思わず「日本にもこんな街をつくりたいね」って言いました。

そしたら「わかる？」と早田。「これを見て、体感してほしかった。これをつくるために力を貸してほしい」と――。

そして2010年、早田が設立していた持続可能な街づくりを研究・開発するコンサルティング会社「マングローブクリエーション」の一員となるのです。

ドイツで見てきたこと、実際に体感したことを日本のみなさんに伝えるために、年200回以上の講演活動をするには、どうしても家を空けることが多くなります。娘がバレーボールを始めることになったとき、監督とコーチが「あなたは世の中を変える人。送迎は任せて！」と手をさし伸べてくれるなど、多くの応援者が背中を押してくれました。

また、私は育ち盛りの娘たちのそばにいてあげられないことが、どんな影響を及ぼすかも考えました。そんなとき、メンターである園長さんを思い出したんです。子育ては、そばにいてあげることだけではなく、背中を見せることもひとつ。私が輝くことが、もしかしたら一番の教材になるかもしれないと。

当時を振り返り、娘がこう言います。「そのときは寂しかった。でも、きっと母は世の中をよくする仕事をしているんだと、少しずつ誇らしくなりました」と。

ドイツ・フライブルク市のヴォーバン地区は居住エリアと離れた場所に
駐車場があるため、子どもたちが安心して遊べる環境がつくられている。

四国・高松での創業から
名古屋、大阪に展開するまで

住宅会社設立

2012−

創業の地、香川県高松市に構えた最初のオフィスは、
大正時代の酒蔵をリノベーションしたもの。

会社の船出は四国・高松から

　2012年、ついに住宅会社の創業を決意したとお話ししましたが、私（創業者・早田宏徳）の背中を押したのが、現社長の芝山と副社長の石川でした。

　震災のあった2011年、年間220回講演会を行い、そのたびに多くの工務店や職人さんが共感してくれましたが、実際にドイツのような家を建てようという会社は、なかなか現れませんでした。そんなときに芝山が、「早田さん、そこまで惚れ込んでいるなら、自分で住宅会社を始めてみたら。もしかして、建てられないの？」と言ったんです。その言葉で火がついた私は、住宅会社の立ち上げに向けて本格的に動きだしました。

　そうはいっても住宅会社の創業には、多額の資金が必要です。最初にお客さまと出会ってから、建築した家を引き渡し、売り上げが立つまでの約1年半にわたり、収入がゼロの状態でスタッフを養うための費用や、モデルハウスの建築維持費

など……。そんなときに力を貸してくれたのが、ウェルネストエンジニアリングの仲間であり、ドイツをともに視察したことのある、香川県高松市の「石川組」代表取締役の石川義和でした。

　石川社長の支援を得て、2012年、「低燃費住宅」（ウェルネストホームの前身）を設立し、なんと1年めに人口約95万人の香川県で、年間40棟の実績を達成。上々のスタートを切ったのです。

「蔵」のイメージをモデルハウスに

　住宅会社を立ち上げる前の2011年、私たちは福島県いわき市で、ドイツで学んだ考え方や手法をとり入れ、現地から輸入した建材を用いた住宅を建築。完成直前に東日本大震災が発生し、余震に何

度も襲われましたが、外壁にヒビ1つ入りませんでした。こちらの住宅（但野邸）については、118ページでもくわしく紹介しています。

また、「エネルギーパス」をともに立ち上げた今泉太爾さんの協力を得て、千葉・浦安で6棟の建売住宅も建築。これらのノウハウを結集し、会社設立と同年の2012年、高松市に第1号モデルハウスをつくりました。

めざしたのは、1つが「ドイツの高い省エネ基準をクリアすること」。2つめが

「日本特有の夏の高い湿度を含め、室内を年じゅう快適な湿度にコントロールすること」でした。

1つめの省エネ基準については難なくクリアできました。2つめの湿度については、左官職人という自分のルーツを生かし、日本の「蔵」の技術を採用することにしました。蔵は調湿性にすぐれた厚い土壁が内部の環境を外気から守り、年間を通して湿度を一定に保ちます。モデルハウスでは、調湿性にもすぐれたセルロースファイバーとロックウール（ともにp.94参照）という断熱材を使って、土壁の代わりとなる厚みのある壁にし、最後に漆喰で仕上げました。壁は窓と比較にならないほど外気にふれている面積が多いということからも、その性能のよしあしが、家全体の性能を左右するといっても過言ではありません。

この壁をさらに進化させたオリジナルの「ウェルネストウォール」の解説は、108ページにくわしく書いてありますのでご確認ください。

会社設立に合わせて2012年、香川県高松市に完成させた、第1号のモデルハウス。

名古屋、大阪に新たな拠点を展開

　香川県で3年間にわたり全力を集中し、「省エネ性の高い100年長もちする家」を多くの家族に届けた私たちは、確かな手応えを感じ、愛知県名古屋市に進出。

　2015年に隣接する長久手市に、新たなモデルハウスを建築し、本社機能をもたせ、私と芝山を中心に運営していくことになりました。

　愛知長久手モデルハウスは、事務所棟と宿泊棟に分かれており、それぞれ異なる空調システムを採用しています。事務所棟では、ダクトで全室の換気と空調を行う「ダクト式空調システム」（※1）を使用。いっぽう、宿泊棟では空気ではなく、不凍液を温めたり冷やしたりする輻射パネルで温度・湿度を管理する方法を採用しました。ウェルネストホームでは、モデルハウスを建築するたびに新たな設備やシステムをとり入れ、実際の建物で何年もデータをとって実験しています。そのなかで、導入コストに対して効果が見合うものだけを、標準仕様としてお客さまにお届けするようにしているのです。

　また、モデルハウスを"宿泊棟"と呼ぶのは、私たちはモデルハウスでの「試住（宿泊体験）」を積極的におすすめしているからです。家は人生で一番大きな買い物だからこそ、外装や内装などの目に見える部分だけでなく、実際の住み心地を体験することはとても重要です。

　ぜひ、ご家族で試住をしていただき、「家じゅう一定の温度・湿度に保たれた空間の快適さ」や「車の音などが聞こえない静かな室内での寝心地」「無垢の床のやわらかな足ざわり」「目覚めた瞬間のお肌の調子のよさ」などを体感していただきたいと思います。

　2016年には、大阪や宮城にもモデルハウスをつくりました。エリアを変えてつくるのは、先述のとおりモデルハウスは実験モデルでもあるからです。日本は東西南北で気候が異なるので、どのエリアでも通用する性能をつくるための戦略でもあります。

※1 ダクト式空調システム

ダクト（空気を運ぶ管）を各部屋に張り巡らし、家全体の換気と空調を行う仕組み。熱交換システムを設置でき、排気や吸気の際の熱のロスを低減できる。

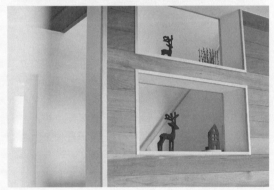

室内に木の構造材を現した、ナチュラルテイストの空間が心地よい愛知長久手モデルハウス。交差点に面するが、高い気密性のため、室内は驚くほど静か。

新社長就任とともに社名を
「WELLNEST HOME」へ

Sayuri Shibayama

2017ー

元主婦の私が新社長に

　私（ウェルネストホーム社長・芝山さゆり）が知るかぎり、早田の家づくりへの情熱や職人さんへのやさしさ、やりきる信念の強さは今も変わっていません。

　早田はことあるごとに「俺の家は、絶対にお客さまを幸せにできる家だ」と語っていました。早田の思いが結実した高気密・高断熱の家は、一年じゅう快適で、健康に暮らすことができ、家族と思い出を守る住まいです。

　2017年、私が早田からバトンを受けとり、新社長になったタイミングで社名も「株式会社ウェルネストホーム」に改めました。新しい社名は「WELL（上質な、よい）」と「NEST（巣）」を組み合わせた造語で、そこには「WELLNESS（快適、健康）」という意味も盛り込んでいます。

　「家づくりは巣づくり」

　子どもが安全な環境で育ち、たくさんの思い出が生まれ、健康に成長して、いつか巣立ちを迎えたとしても、いつでも帰ってこられる場所がそこにある——。

　これって、とてもすばらしいことですよね。早田がつくり出したこの家であれば、私が2009年にドイツで受けた衝撃と同じ感動を多くのかたがたにお届けできるはず！　そのために、専門用語やこまかい数字で説明するのではなく、私なりに「家族の暮らす巣を守るお母さんの立場で家づくりを発信していこう！」という強い思いが芽生え、住宅業界素人で元主婦ではありましたが、私は社長を務めることを決意しました。

　当時、こんな出来事がありました。当社で家を建ててくれたオーナーさまを招いた謝恩会で、「家は私たちの子どもなんです」と、あるかたが語ってくれたのです。そのようにオーナーさまが建てた家に対して思ってくれていることに大きく感動しました。会社の思いとオーナーさまの思いが同じであれば、これまで歩んできた道が間違ってはいなかったということ。このとき、就任直後に感じていた不安が吹きとびました。

WELL

上質な、よい

上質な、よいという意味です。環境を考え、素材や建材は最高級のものを使用しています。

NEST

巣、心地よい、休み場所

巣という意味です。家族が居心地よく安心して暮らせる巣こそ、住まいのあるべき形だと考えます。

WELLNEST

私たちが考えた造語。

WELLNESS

健康、快適という意味。

WELLNEST HOME

安全にそこで暮らし、巣立った子どもたちもまたそこにいつでも戻ってこられる場所。健康で、快適で、上質な時間が流れる巣づくりをお手伝いさせていただきたい、そんな願いを込めた社名です。

ロゴマークに込めた思い

WELLNEST HOMEのロゴマークは、「住まいづくりは巣づくり」という社名に込めた思いを可視化しています。卓越した技術をもつ職人たちの手によって、大切な家族と人生を守るための巣はつくられます。巣づくりを支える大きくたくましい「職人の手」、社名の頭文字である「W」、そして「NEST＝巣」を組み合わせた形状を、力強いラインで構築することでWELLNEST HOMEのもつ強い意志やしっかりとした技術を表現しています。

モデルハウスを「試住」の場に

3階建ての鎌倉モデルハウス。日射取得自動化システム
を導入し、冬の無暖房を実現した。

　家を建てることは、一生に1度あるかないかの大きな買い物です。住宅ローンを背負う覚悟がないとできないことですし、建ててしまってからの後悔は絶対に避けなければいけないことです。

　そこで私は、とにかく「体感」することをおすすめいたします。ウェルネストホームでいえば、大きく3つ「体感」できる機会があります。

　まず、1つめは「構造見学会」です。私は"裸の見学会"と呼んでいますが、完成する前の仕上がっていない段階の家を見学するイベントです。エアコン1台で季節を問わず快適に過ごせるウェルネストホームの性能の秘密を見ることができるのが、この構造見学会なんです。家が完成してからでは、決して見ることのできない壁のなか、柱や断熱材、こだわり抜いた建材、そして職人さんたちのていねいな仕事ぶりも見ることができます。完成前に、夏は涼しく冬は暖かい性能の「なぜ？」をぜひ体感してください。

　2つめは「完成見学会」で、完成直後の家を見学できるイベントです。住宅展示場も見学イベントかもしれませんが、現実味のない大きさやデザインの家を見るのとは異なり、実際に住んでからのイメージをしながら性能を確かめることができます。玄関や脱衣室も含めて各部屋の温度差がないこと、騒音や音漏れのない遮音性などを体感してください。

　そして、3つめは「試住」です。食べ物を買うときは「試食」、服を買うときは「試着」、車を買うときは「試乗」があるのに、最も大きな買い物である家にはそれがないのはおかしい。明るいうちに数時間見学しただけで購入を決めてしまって、本当によいのでしょうか？

　夕方にお越しいただき、夕食をつくり、食卓でお食事タイム。そのあとはリビン

グでくつろいで映画鑑賞でもしながら、音が外に漏れないかのチェックをしてもよいでしょう。冬であれば、入浴前後の寒さをいっさい感じないことも体感できます。ぜひ、素足でも冷たくない無垢のフローリングも味わってください。

そして、家のなかで過ごす時間で忘れてはいけないのが「睡眠」です。ひと晩寝て、翌朝の目覚めがどうであるかまで体感できるのが「試住」になります。実際に試住したかたの感想でも、睡眠についての声をとても多くいただきます。

親から子へ、そして孫の世代へ、暮らしを紡ぐ家……。体感して「納得」したうえで住宅ローンを組むのと、そうでないのとでは大きな違いがあります。

住んだあとのことを重要視して

日本とドイツの価値観の違いで、ちょっとおもしろい話をひとつ。日本では家選び（部屋選び）をするとき、重要視するポイントは何でしょうか。その多くは「駅からの距離、間取り、築年数、家賃」ではないでしょうか。いっぽうドイツでは、「家の燃費（省エネ性）・デシベル（静かさ）」が重要視されます。省エネで静かな環境に価値があるとされているんです。簡単にいうと、日本は住む前の情報を気にするのに対し、ドイツは住んだあとのことを重要視するということです。

「親が家を買ったら子どもは別荘を買い、孫はボートを買う」

家はあたりまえのように孫へ住み継がれるものという“家の在り方”が根づいているからこそ生まれた表現ですよね。私たちもこのような“家の在り方”を日本に根づかせたいと思っています。

もうひとつ、ドイツには休みの日に家族全員で家を掃除するという習慣があります。高いところに手が届き、重いものを持つことのできる父親を見て、子どもは誇らしく思うでしょう。

家族みんなで家を大切にする習慣が親子の関係を深めることになっているのは、とても素敵だと思います。

創業から携わる設計士・入交元太に聞く、
ウェルネストホームならではの表現とは──

性能だけでは追いつかれる。
デザインによる差別化がカギに

ウェルネストホームが誕生しようとしていた2010年、香川県の「石川組」で設計をしていた私（現ウェルネストホーム設計本部・副部長）は、初めて早田や芝山に会いました。

「100年長もちする、未来の子どもたちのためになる家をつくるんだ！」というふたりの熱い思いに心動かされ、石川組の社長が副社長として、私は設計士として新会社に参加することを決意しました。

それまでは、どちらかというとデザイン住宅の設計をしてきましたが、今度は性能を最優先する設計。住むかたがたの生活も考慮し、なおかつ性能を最大限生かす設計はやりがいを感じました。当社のこだわり抜いた気密や断熱の性能は、一年じゅう快適な住空間をお届けできます。そのため、エアコンは人目につかない廊下やロフトに設置するケースが多いです。また、壁や柱の位置も上下の階で重なるように配置し、全棟で耐震等級3をクリアしています。

ただし、性能が高いだけでは、いつか追いつかれる可能性があります。そのなかで、住まうかたの要望を整理し、いかに個性を表現していくかが、私たち設計に求められる使命だと考えています。

自由設計が可能な「えがく家」（p.182参照）では、家の形も内装の素材も、造作家具も自由に表現できます。また、現在は外観の素材についても、新たなデザインを提案できるよう、さまざまなものに挑戦しています。「帰ってきたくなる家。ずっと住み続けたいと思える空間づくり」をテーマに、お客さまの思いを形にしていきます。

2022年には、福井市に自宅（見学対応可）を建築しました。ここでは、私が設計を担当した高松市伏石町の第1号モデルハウス（p.81参照）で好評だった、回遊性のある間取り（※1）を踏襲。間取り図をごらんいただくとわかりますが、1階も2階もぐるりと一周できるつくりになっています。行き止まりがない空間は、実面積以上の広さを感じさせてくれます。気密性・断熱性の高い当社の家は、各部屋のドアを閉めるよりも、開け放つほうが家じゅうの温度や湿度が一定に保たれるため、行き止まりがない回遊できる間取りはぴったりなのです。

中央に設けた1階から2階、ロフトまで続くストリップ階段は、空気の通り道と家族の気配を伝える、2つの役割を果たしています。ストリップ階段がほどよい目隠しとなり、家族それぞれがつかず離れずの距離で自分の時間を過ごせます。

このほか、オーダーキッチンや造作家具も随所にとり入れ、統一感のあるデザイン性の高い空間に仕上がりました。

※1 回遊性のある間取り

リビングやキッチン、洗面、収納などをぐるりと回れる間取りのこと。行き止まりがなく広く感じるうえ、動線にムダがなく家事もスムーズに行える。

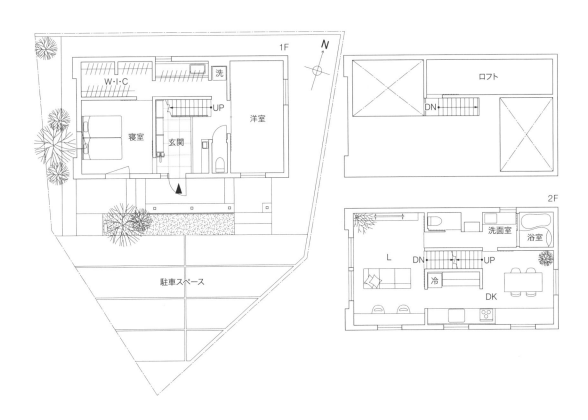

1F

N

W・I・C

洗

寝室　玄関　UP　洋室

ロフト　DN

2F

洗面室　浴室

L　DN　UP

冷　DK

駐車スペース

長方形のシンプルでムダのない外観。無垢材のルー
バーの裏には、近所の人と座って話せるベンチが。

DATA

敷地面積	178.77㎡（54.07 坪）
建築面積	63.77㎡（19.29 坪）
延べ床面積	109.30㎡（33.06 坪）
	1F54.65㎡ +2F 54.65㎡
建ぺい / 容積率	60/200％
構造・工法	木造 2 階建て（在来工法）
設計・施工	ウェルネストホーム / 増田材木店

1・2階とも行き止まりのない回遊できる間取りとするこ
とで、延べ床面積約33坪でありながら広がりを演出。

玄関収納をはじめ、オーダーメイドの家具を随所に

地元の鉄工所にオーダーしたアイアン
と、板材を組み合わせた収納が目を引
く玄関。身だしなみがチェックできる鏡
は引き戸で、寝室につながる。

玄関を入ったところには、帰宅後すぐに
手が洗える洗面カウンターを設置した。

「モールテックス」で造作したテレビ台。
収納の扉には、床と同じオークを使用。

階段を上がった先に広がる2階リビング。
4つの大きな窓があり、春には川沿いの
桜が、夏には花火が眺められる。奥のカ
ウンターデスクも造作。

リビングからキッチンを抜けた先に広が
るダイニングルーム。勾配天井が開放感
を演出。椅子の背後には、オーダーキッ
チンから続くステンレスのカウンターが。

Chapter

4

PERFORMANCE OF WELLNEST HOME
ウェルネストホームの性能

High airtightness & High insulation
高気密と高断熱

高気密・高断熱をはじめ、
ウェルネストホームの家の
性能とこだわりについて、
創業者・早田宏徳が解説します。

めざすのは「100年、住み継ぐ家」

木を腐らせないことだけを考え、家づくりに打ち込んできた

100年、住まいを長もちさせるために一番大切なことは何か――。みなさん、わかりますか。

私（ウェルネストホーム創業者・早田宏徳）は、「とにかく木が腐らないようにすることだ」と常々お伝えしています。「木」とは、柱や土台、梁などの最も重要な構造部分のことです。

私は左官職人から住宅のサイディング（p.67参照）を張る仕事を経て、21歳のときに住宅メーカーの社長に誘われてこの業界に入りました。そのとき、家の外壁が築10年もたたないうちに波打っているのを見て、「家づくりは木を腐らせないことが重要だ！」という強い思いを抱きました。大量生産の資材を使い、なるべくイニシャルコストを抑え、多くの人にいち早く夢のマイホームを届けることを優先するあまり、断熱性や気密性が低く、壁のなかの柱や土台が夏には高温に、冬には冷気にさらされ、伸縮をくり返すうちに割れていたのです。また、壁のなかで結露が起こることで、湿気によって腐ってしまうケースも見られました。

原因の多くは、壁のなかに設けられた通気層でした。現在も日本の住宅では壁のなかに入った湿気を外に逃す目的で、外壁の内側に通気層を設けるケースが多々見られますが、断熱や気密が中途半端であると、通気層のところで結露が発生したり、柱が高温や冷気にさらされたりしてしまうのです。

「このままでは夢を壊すマイホームになってしまう！」

私は社長に率直にそう進言しました。その後、しばらく時間をもらい、住宅の性能について勉強するために全国30カ所以上の工務店を巡ったのは、3章でお話ししたとおりです。

では、木を腐らせないためには、どうすればいいのか？　ウェルネストホームでは、柱と柱の間に105mmの断熱材「セルロースファイバー」（※1）を充填。さらに、その外側に100mmの断熱材「ロックウール」（※2）を張り、気密もしっかりとることで、壁のなかの通気層をなくしました。これにより、壁のなかに結露を発生させるほどの湿気が入ることや、柱や土台が高温・冷気にふれることがなくなり、「木が腐らず、長もちする家」を実現しています。まるで"蔵"のような分厚い壁の構造や役割については、のちほどくわしく解説します。

「未来の子どもたちのために」。創業以来、変わらない思い

日本で戦後に建てられた木造住宅の寿命は、約30年。国土交通省の統計データでは32年となっ

※1 セルロースファイバー

新聞紙をリサイクルした天然繊維（パルプ）が原料の断熱材。吹きつけるタイプで隙間なく充填でき、調湿性能も高く湿度をキープするのにも役立つ。

※2 ロックウール

玄武岩などの岩石を高温で溶かし、繊維状に紡いだ断熱材。ボード状、フェルト状などさまざまな製品がある。断熱性のほか、耐火性や吸音性にもすぐれる。

ています（※3）。いっぽうで、アメリカでは66年、イギリスでは80年と、日本の2〜3倍となっています。せっかく建てたマイホームが30年でダメになってしまっては、ローンを払い終わったと思ったら、すぐに建て替えなければなりません。また、家を何度もスクラップ・アンド・ビルドすることは、環境面からもよいことでないのは明白です。

「未来の子どもたちのために」、100年長もちのする家をつくる。それは、ウェルネストホームが創業以来、変わらず掲げてきた思いです。子どもたちとは自分の子どもだけではなく、子世代、孫世代、さらには、動物や植物など、この世の生きとし生けるものすべての子孫をさします。

日本の木造住宅の寿命が30年というなかで、100年もつ家を建てられれば、子どもたちは住宅ローンの返済に苦しむことなく、リフォーム費用を負担するだけですみます。そこから生まれた余裕を、暮らしを充実させることに使えるのです。また、30年しかもたない家は、100年の間に3回も建て替えなければなりません。そのたびに、建築廃材という大量のゴミを出します。

そうした環境への負荷を極力抑え、子どもや孫たちが暮らすこの地球の環境を守れるような社会にしていきたい。私たちはそう真剣に考え、100年長もちする家づくりに打ち込んでいます。

2007年に初めて訪れたドイツのフライブルク旧市街は、ウェルネストホームの原点ともいえる。100年が経過した建物が自然と調和して街を形成している光景に胸を打たれ、「いつかこのような街を日本に」と決意する。

※3 木造住宅の寿命

国土交通省「我が国の住宅ストックをめぐる状況について（補足資料）」より。https://www.mlit.go.jp/policy/shingikai/content/001323215.pdf

重要なのは、住まいの性能を
とことん上げること

気密性・断熱性はとことん高く、エアコンなどの設備は極力少なく

「木が腐らない、長もちする家」をつくり上げるには、気密と断熱を徹底する必要があります。なぜなら、断熱材や窓などは、住まいの基本性能を左右する重要な部分だからです。快適で健康的な家を実現するためには、第一に建物の性能をとことん高め、大量のエネルギーを使わなくても心地よく過ごせる家にすることが肝心です。

逆に、一番やってはいけないのは、気密性も断熱性も低いまま、エアコンや床暖房をどんどん使って快適にしようとすること。これでは、エネルギーをムダ遣いし、光熱費が高くなるばかりか、環境にもよくありません。まるで穴がいっぱい空いたバケツに、大量の水を入れ続けているようなもの。まずは穴をふさぎ、入れものとしての性能自体をとことん高めましょう。

ウェルネストホームでは、床面積1㎡あたりどれだけの隙間があるかを表す「C値」（※1）は、全棟で平均C値0.2㎠/㎡。これは、寒冷地・北海道における気密性の水準の10分の1しか隙間がないことを意味します。床面積が100㎡の住宅であれば、C値0.2㎠/㎡とは、名刺の半分にも満たない大きさの隙間になります。これほどの気密性を確保でき

人にとって快適な環境は、植物にとっても同じ。モデルハウス内にある観葉植物は青々と元気に成長している（愛知名古屋モデルハウス）。

るのは、職人さんの巧みな施工によるものです。

また、柱や土台などの木が湿気によって腐らないよう、セルロースファイバーとロックウールによるダブル断熱を採用していますが、これが高い断熱性能につながっています。断熱材の厚みは、一般的な住宅の2倍以上です。

エアコン1台で年じゅう快適。ランニングコストも安く抑えられる

気密と断熱をしっかりと行い、住宅自体の性能をとことん上げるメリットのひとつは、導入する設備

※1 C値（相当隙間面積）

住宅の気密性能を表す数値。家全体の延べ床面積に対して、どれだけの隙間があるかを表す。数値が小さいほど気密性がすぐれ、省エネ効果がある。

を極力減らせることです。ウェルネストホームでは、間取りや広さにもよりますが、エアコン1台で冬暖かく夏涼しい住まいを実現しています。

たとえば、一般的な住宅では、部屋ごとにエアコンがあることは珍しくなく、さらに床暖房が設置されていることもあります。計5台のエアコンを設置している場合、稼働させる5台分の電気代がかかり続けることになります。約10年に1度、エアコンの交換費用も5台分支払わなければなりません。

エアコンや床暖房など、10年、15年で交換が必要になる設備にくらべて、断熱材や窓は、基本的にメンテナンス費用はほとんどかかりません。日々の電気代も必要ありません。

つまり、初期投資として断熱材や窓にお金をかけて住宅の性能を高めれば、入居後、何十年とかかり続ける電気代や設備の交換費用を抑えられるのです。電気代が値上がり傾向にある昨今では、住宅の省エネ化の重要度はさらに増しています。

少ない電力で快適な家をかなえる
ドイツが実践した3つのステップ

①住まいの気密性・断熱性をできる限り高め、エネルギーを使わなくても快適な住まいとする。
②必要最低限の設備（エアコンや給湯器、換気シス

テムなど）をとり入れる。設備はできる限り省エネ性が高いものをセレクトする。
③さらに可能であれば、太陽光発電などの再生可能エネルギー（※2）で、自宅の電気をまかなう。地球を汚さないエネルギーの活用です。

これは実際に、住宅で使用される電力を極力減らし、再生可能エネルギーの拡大を推進するために、ドイツが30年以上かけてとり組んできた3つのステップです。住宅の省エネ化をはかり、再生可能エネルギーの使用割合を増やしていくことは、海外からの資源輸入や原発へのエネルギー依存度を下げること、CO₂の排出量を削減し、気候や環境を保護することにもつながります。

ドイツでは、住宅を建てるときに守らなければならない法律「建築基準法」について、1977年から40年以上もかけて、段階的に省エネに関する基準を厳しくし、エネルギーを使わない建物の普及に力を入れてきました。加えて、発電に占める再生可能エネルギーの割合も、2000年の7％から2022年には45％に増加。さらに、ドイツ政府は2030年までに電力消費量に占める再生可能エネルギーの割合を80％にする方針を新たに掲げています。地球環境を守るためにも、「少ない電力で快適な家」を日本にも広めていくことが大切です。

※2 再生可能エネルギー

太陽光、風力、地熱、中小水力、バイオマスなど、自然界に常に存在するエネルギーのこと。温室効果ガスを排出せず、枯渇しないのが特長。

100年、住み継ぐための
5つのポイント

Point 1 ___ 湿度

分厚い壁が湿度を快適に調節する。
家1棟で900Lもの湿気を吸収可能

　ウェルネストホームでは、「試住」という宿泊体験を積極的におすすめしています。特に乾燥しがちな冬に試住をされたかたからよくお聞きするのは、「朝、目覚めたらなんだか肌の調子がよく、化粧ノリがいい！」や「起きた瞬間、のどがイガイガしない」という声などです。当社のモデルハウスでは、観葉植物もとても元気です。

　その理由は、家じゅうの「湿度」がちょうどいい状態に保たれているから。もちろん、加湿器や除湿器は一切使っていません。それなのに、なぜ湿度が快適に保たれるのか？　その秘密は、分厚い壁にあります。セルロースファイバーとロックウールで2重に断熱した壁が、夏には湿気を吸って冬には吐いて、まるで「蔵」の土壁のような役割を果たし、湿度を調節してくれるのです。

　私がドイツへ行ったときに、向こうの建築家に言われたのは、「日本には、蔵というすばらしい建築様式がある。日本人は、もう蔵を捨てたのか」という言葉です。蔵のなかで熟成されている醤油や味噌などがカビなどで傷まないのは、厚い土壁によって

湿度がちょうどいい状態に保たれているからです。私のルーツは左官職人。この土壁がもつ特性を受け継いだ現代の「蔵」をつくろうと、だれもやっていないことに挑戦し、試行錯誤を重ねて形にしたのが、ウェルネストホームの家です。

　昔の「蔵」は粘土だったり、大谷石だったりと湿気を吸ったり吐いたりする素材でつくられています。湿気は多いほうから少ないほうに流れ、一定になろうとする性質があるので、夏は湿度の高い外の空気が蔵のなかに入ってこようとします。しかし、分厚く重たい土や石の壁が、その湿気を受け止めてくれるため、なかは常にサラッとしています。だから、醤油や味噌が腐らないんです。一方、冬は蔵の空気は乾燥し、壁のなかにある夏の間に吸収した湿気が放出されて、室内の湿度がちょうどいい状態に保たれます。

　ウェルネストホームの壁には、柱と柱の間に新聞紙をリサイクルした天然繊維（パルプ）が原料のセルロースファイバーがたっぷりと充填されています。その外側には耐力面材があり、さらに外側にロックウールという天然岩石を主原料とした断熱材が張られています（p.105参照）。セルロースファイバーやロックウールは、吸放湿性に非常にすぐれている

ということが特長です。また、室内の仕上げにも吸放湿性のある紙クロスと漆喰塗装を採用しています。

　夏場、ウェルネストホームの住宅では、家1棟の壁のなかに約900Lもの湿気をためることが可能です。これは壁の重さが、30坪の家の場合、外壁だけで12〜13tあるからできるのです。一般の家では、壁のなかに湿気をためることはできません。

壁のなかに通気層がないことが
ウェルネストホーム最大の特徴

　日本の住宅では、壁のなかに湿気が入ると柱や土台などの木が腐ったり、外壁のサイディングがボロボロになったりする可能性があるので、壁のなかに通気層を設けるのが一般的です。この状態で気密がしっかり行われていない場合、冬は外の乾燥した空気が隙間風として室内に流れ込み、過乾燥の状態になります。夏は高温で湿気をたっぷり含んだ空気が入ってくるため、室内がジメジメした状態に。そのため、冬は加湿器、夏は除湿器を回し、エアコンを長時間強運転……。結果、電気代が非常にかかることになるのです。この状態がよくないことはおわかりですね。さらに、先に述べたとおり、柱や土台な

どの木が暑い空気や冷気にさらされることで伸縮をくり返して割れたり、木が腐ったりして気密性や耐久性までもが悪くなるおそれもあります。

　こうしたすべてのマイナス要素を克服するために、通気層がなく重量のあるウェルネストホームの壁をつくり上げました。モデルハウスでは、壁のなかの湿度の変化など、データをずっと計測し続けていますが、そのデータによると、柱のまわりの空気は湿度が100%になることはなく、夏の猛暑の時期でも70%程度におさまっています。

調湿

13 L

室内壁は、紙クロスの上に漆喰塗装が標準仕様です。漆喰はビニールクロスとは異なり、高い吸放湿性をもつため、1日あたり家1棟で約13Lもの水分を調湿します。

Point **2** ——— 温度

健康に大きな影響を与える「室温」。
欧米では一定以上に保つ規制が

先ほども「試住」について紹介しましたが、ウェルネストホームのモデルハウスに宿泊体験されたかたの声で最も多いのは、「温度」に関するものです。たとえば、「冬の朝、外は4℃なのに、室温はエアコンを切った状態でも21℃。暖かくてすぐに布団から出られました！」や、「この家は、どの部屋に行っても温度差がないのでストレスフリー！冬の風呂上がりも、Tシャツ1枚に素足で大丈夫でした！」といった声です。

みなさん、「ヒートショック」という言葉をご存じでしょうか。暖かい部屋から寒い部屋への移動など、急激な温度変化によって血圧や脈拍が大きく変動することで、心筋梗塞や脳梗塞などを引き起こし、身体に悪影響を及ぼすことをいいます。厚生労働省「人口動態統計」（2021年）によると、高齢者の浴槽内での不慮の溺死及び溺水の死亡者数は4750人で、交通事故死亡者数2150人の2倍強となっています。その原因のひとつとして、急な温度差によるヒートショックがあげられています。

世界的に有名な医学情報雑誌の「ランセット」（2015年）に掲載された内容も見てみましょう（※1）。世界13カ国・約7422万人の死亡データを調査し、気温に関連した死亡率を算出した論文ですが、日本では寒さに起因する死亡率は9.81％で、中国に次いでワースト2位という結果でした。この調査にはカナダやスウェーデン、イギリス、韓国など、日本よりも寒い地域が含まれています。つまり、日本が非常に寒い地域だから、寒さに起因する死亡率が高いのではなく、寒さをしのぐための住まいの環境が世界にくらべて劣っているから、死亡率が高いのだと考えられます。

世界では、「室温」が健康に大きな影響を与えることが常識となっています。欧米では健康を維持するための室温に対する規制があたりまえになりつつあり、たとえば、デンマークでは室温が22℃、ドイツでは18℃、イギリスでは19℃以下になると、身体に悪影響を及ぼすとされています。

欧米では昔からセントラルヒーティング（※2）が基本で、全室全館で基準の気温以下にならないようにすることが標準的な暮らしです。一方で、日本の住宅は断熱性能が低いため、リビングや寝室など、人がいる空間だけを暖めるのが一般的。これがヒートショックの原因となっているのです。

※1 ランセット掲載の論文

「Mortality risk attributable to high and low ambient temperature: a multicountry observational study」https://www.thelancet.com/journals/lancet/article/PIIS0140-6736(14)62114-0/fulltext

※2 セントラルヒーティング

建物の1カ所（ボイラーなど）でつくった熱を、温水や温風、蒸気などの形で循環パイプを使って各部屋へと送り込み、建物全体を暖める仕組み。

家じゅう温度差がほとんどない、
家族が健やかに暮らせる家を

　壁にはダブル断熱、屋根・天井には300mm以上の厚さの断熱材（一般的な住宅の2倍以上の量。屋根断熱の場合はオプション）を施し、熟練の職人さんがていねいに気密性能を高めた私たちの家は、居室間の温度差を2℃前後に抑えています。リビングだけでなく、廊下や脱衣室なども温度が一定に保たれるため、ヒートショックの心配がありません。朝、布団から出るのがつらかったり、お風呂あがりにすぐ服を着ないと湯冷めしたりすることもないため、ストレスなく暮らすことができます。

　また、前のページでお話ししたとおり、湿度も一定に保たれ、冬に乾燥しすぎることもないので、風邪やインフルエンザなどの予防にも役立つとされています。呼吸がしやすいことでよく眠れるようになり、自律神経も整うと考えられます。

　このように気密性や断熱性が高いことは、省エネで経済的なだけでなく、家族が日々を健やかに暮らすことにもつながります。私たちは、木が腐らず、家自身がずっと健康で、住む人が快適かつ幸せに暮らせる家を、何よりもめざしています。

ウェルネストホームの家はたった1台のエアコンを稼働させるだけで、一年じゅう家のなかどこでも快適な温度と湿度が保たれる。

居室間温度差

2 ℃ 前後

高気密・高断熱にこだわる私たちの住宅では、居室間の温度差を2℃前後に抑えることができます。1階も2階も、南側も北側も、ほぼ変わらない室温を保ちます。

※ 間取りやプランにより異なる場合があります。

Point3 ___ 気密

家じゅうの隙間をなくし、
空気の入れ換えをコントロール

　私たちが家のなかで過ごすとき、快適か不快か
を左右するのが、温度です。夏は27℃以下、冬は
22℃以上、できれば23、24℃はほしいところで
す。しかも、リビングだけでなく、家じゅうどこに
いても同じ温度に保たれているのが一番快適。これ
を、私たちは"温度のバリアフリー"と呼んでいま
す。温度の段差をつくらないために、最も重要なの
が、これからお話しする「気密性」です。

　気密性とは、簡単にいえば、「どれだけ隙間がな
い家か」ということ。空気には、暖かいほうから寒
いほうに流れる性質があります。そのため、冬は外
が寒く・室内が暖かい状態で隙間があると、暖かい
空気は外へ外へと出ていってしまいます。逆に夏は、
外の暑くジメジメした空気が、どんどん室内に入っ
てくるのです。

　料理中や入浴時に、レンジフードや換気扇を回し
たときは顕著です。外に捨てた分と同じ量の寒い・
暑い空気が、窓枠や玄関まわり、壁や床にある見え
ない隙間から、大量に入ってきます。このように気
密性が悪いと、空気の出し入れをまったくコント

ロールできません。そのため、各部屋の冷暖房を常
に使わないと快適にならない、エネルギーロスの大
きな家になってしまうのです。

職人さんの入念な仕事により、気密性を確保。
全棟で2回、気密測定を実施

　ウェルネストホームでは、どのように気密性を
保っているのか。壁の断面写真（p.105）をごらん
ください。当社では柱と柱の間にセルロースファイ
バーをたっぷり充填した外側に、耐力面材を張って
います。天井や床下には同じように合板を設置。こ
の耐力面材や合板をしっかり密着させ、家をぐるっ
と囲むように隙間なく張ることで、気密を確保して
います。耐力面材や合板のジョイント部分には気密
テープをしっかりと貼り、さらにセルロースファイ
バーの室内側に張った可変透湿シート（※1）にも、
接合部に気密テープを貼って気密性を高めています。

　こうした施工を行うのは、信頼のおける腕利き
の職人さんたち。壁ができ上がるまでに15工程
（p.108参照）ありますが、職人さんは手を抜かず、
ていねいな仕事で気密性を保ってくれています。青
森以南で、全棟で気密測定（※2）を行っている会

※1 可変透湿シート

気密性を確保しつつ、空気中の水分が
少ない冬場は湿気を通さず、空気中の
水分が多い夏場は湿気を通すシートで、
壁のなかの結露を防止する。

※2 気密測定

住宅の隙間の面積を、専用の機械を住
宅に持ち込んで測定、計算すること。こ
れにより、気密性を表すC値（相当隙
間面積）が割り出される。

社は少ないですが、当社では工期の中間と完成時の2回、全棟で気密測定を実施。数値で、しっかりと気密性を表しています。測定は施主さんに立ち会ってもらうこともももちろん可能です。

気密性が高いからこそ、24時間換気で空気をきれいに保てる

「高気密の家は、なんだか息苦しそう」という声をよく耳にしますが、まったくそんなことはありません。たとえば、ストローで水を吸う様子を思い浮かべてみてください。ストローに穴がいくつも空いていたら、そこから水が漏れて思うように水が吸えません。一方、穴が空いていないストローは軽く吸っただけで水を吸い上げられます。

　これと同じように隙間のない家は、わずかなファンの力で排気・吸気を行い、室内の空気をきれいな状態にコントロールできます。当社では、24時間換気のなかでも、メンテナンス代と電気代が安く効率的に熱交換換気（※3）を行える「ダクトレス換気システム」（p.110参照）を採用しています。この換気システムについては、のちほどくわしく紹介しますので、あわせてご確認ください。

超高気密

平均C値 **0.2** ㎠/㎡

家の隙間面積を示すC値は気密性能の基準です。ウェルネストホームの平均C値0.2㎠/㎡は、職人さんの腕のよさを証明する数値でもあります。

UA値

平均 **0.25** W/㎡K

住宅の断熱性能を表すUA値は、数値が低いほど断熱性にすぐれています。ウェルネストホームのUA値は、国が推奨する断熱基準の約3倍以上の断熱性能です。

※ お客さまのご要望やプランによっては0.28W/㎡K程度になる場合があります。

※3 熱交換換気

室内の空気を外に排出するときに、吸気した空気に熱を移すことで、室温に近づけてからとり入れる仕組み。冷暖房効率がよくなるメリットがある。

Point 4 ___ 断熱

住み心地を大きく左右する
断熱性能にこそこだわってほしい

　100年住み継ぐ家をつくるために、「木が腐らない、長もちする家であること」(耐久性)とともに重視すべきは、快適性などの「住み心地」です。先ほど「気密」のところでもお話ししましたが、快適な家にするためには、温度が重要。「冬寒く、夏暑い家」では、どんなに内装が美しく使い勝手のよい間取りでも、住み心地はよいとはいえません。家全体を一年じゅう快適な温度にするために欠かせないのが、「断熱」です。

　断熱とは「熱(の移動)」を「断つ(減らす)」ことです。その方法は木造住宅の場合、一般的に「充填断熱」と「外張り断熱」の2種類があります。充填断熱とは、柱などの構造材の間に断熱材を充填する方法で、多くの住宅で採用されています。一方、外張り断熱は柱などの構造材の外側を断熱材で覆う方法です。どちらも、いわば「建物全体に暖かいセーターを着せる」ようなもの。断熱材で熱の移動をなるべく減らすことで、冬は室内の熱が逃げにくく暖かい家に、夏は外の熱を室内に入れず涼しい家になるのです。

　ウェルネストホームの壁は、充填断熱＋外張り断熱の「ダブル断熱」を採用しています。

　ただし、断熱材だけでは熱の移動を完全に断つことができません。壁や床などに目に見えない隙間があるため、たとえば、冬には室内の暖房で暖めた空気と外の冷気が壁のなかで接触し、結露が発生。木が腐ってしまう原因となります。それを防ぐためには、家にとってのウインドブレーカーである気密をしっかりと施し、壁のなかに湿気を入れないことが重要です。

壁・床・天井(屋根)のすべてに
徹底した断熱を実施

　家の断熱性能を比較する基準として、「UA値」があります。UA値とは外気にふれる外壁や屋根などから、室内の熱がどれくらい外へ逃げやすいかを数値化したもので、「外皮平均熱貫流率」ともいいます。UA値が小さいほど熱が逃げにくく、断熱性能が高いことを表します。当社では、UA値0.25W/㎡ Kが平均であり、一般的な住宅の3倍以上の断熱性能があります。

　壁はセルロースファイバーとロックウールのダブル断熱(合計205㎜)を採用しています。屋根/天井は、300㎜以上のセルロースファイバー(一

般的な住宅の2倍以上）を使って断熱。床は、基礎の外側や内側全体を断熱材で覆う基礎断熱ではなく、当社では耐久性、防蟻性の観点から床下断熱（※1）を採用しています。土台の間に100mmのネオマフォーム（※2）を隙間なく入れ、その上に24mmの合板、さらにダブル断熱として25mmのスタイロフォーム（※3）、その上に12mmの合板、最後に15mmのヨーロピアンオークを張って仕上げています。床の厚みは計176mm。これにより、最低気温が氷点下15℃を下回ることもある北海道のニセコでも床冷えしない床をつくり上げています。

セルロースファイバー

耐力面材

ロックウール

105mm

内装材

100mm

室内側　室外側

オリジナル壁の断面サンプル。写真では柱となっているなかにセルロースファイバーを充填し、柱の外側にロックウールが張られている。

屋根 / 天井断熱

300mm

屋根※／天井の断熱材には、断熱、調湿、防音に非常にすぐれたセルロースファイバーを厚さ300mm以上（一般的な住宅の2倍以上）使用しています。

※ 屋根断熱はオプションです。

ダブル断熱

205mm

ウェルネストホームの壁はダブル断熱（充填断熱＋外張り断熱）を採用し、断熱材だけで合計で205mmの厚み（一般的な住宅の2倍以上）です。

※1 床下断熱

1階の床下に断熱材を張り、床から断熱を行う方法。断熱材の外側の床下は外部と同じ気温になる。換気口を設けて、湿気を排出することができる。

※2 ネオマフォーム

断熱性能が高いことで知られる断熱材。熱伝導率0.020W/m Kを実現している。薄くても、断熱性能が発揮されるのが特長。

※3 スタイロフォーム

一般名称は押出発泡ポリスチレンで、ポリスチレン樹脂を原料とした断熱材。無数の独立した気泡のなかに入ったガスにより熱移動を小さく抑える。

Point5 ___ 耐震

地震大国・日本では耐震等級3は必須。
その性能を維持する耐久性も重要！

　2011年3月11日の東日本大震災をはじめ、2013年の淡路島地震、2016年の熊本地震、鳥取県中部地震、2018年の大阪府北部地震、北海道胆振東部地震、2019年の山形県沖地震など、日本では、震度6強クラスの地震がたびたび起こっています。国土交通省のデータ（※1）によると、日本の面積は全世界の0.25％にもかかわらず、2011～2022年では全世界のマグニチュード6.0以上の地震のうち16.9％が日本周辺で発生しています。

　このような地震大国・日本では、耐震性能は欠かせません。住宅の耐震性を表す指標のひとつに、「耐震等級」（※2）があります。1～3まで3段階あるうちの「耐震等級1」は、建築基準法で定める最低限の耐震性能です。震度6強～7程度の地震でも即倒壊はしませんが、大きく損傷し、住み続けるのは困難になるレベルです。つまり、1回の大地震にはなんとか耐えられますが、その後の余震で倒壊する可能性が高いでしょう。「耐震等級2」は等級1の1.25倍、「耐震等級3」は1.5倍の強度があると定義されています。等級3では、震度6強～7程度の地震があっても大きな損傷はなく、軽い補修をして住み続けることができるレベルです。大地震のあとは余震が何度も起こることからも、耐震等級3は必須だと私たちは考えます。

　そのうえで重要なのは、新築時に耐震等級3をクリアしていた性能を、30年、40年、50年後、それ以降も維持することです。そのためには、くどいようですが、柱や土台などの「木を腐らせない」ために、壁のなかで結露が起こらないよう、気密工事をしっかりと行うことが欠かせません。

耐震等級3設計

50 %off

耐震等級3設計が標準仕様です。等級3は、等級1の1.5倍の地震に耐えられるだけの性能・耐震強度水準です。地震保険の保険料が50％割引になるのも利点です。

※ 地震保険の割引を適用するためには、有償の第三者評価を受けていただく必要があります。

※1 国土交通省のデータ

「河川データブック」（2023年）より。
https://www.mlit.go.jp/river/toukei_chousa/kasen_db/index.html

※2 耐震等級

耐震性を表す指標。2000年に施行された「住宅の品質確保の促進等に関する法律（品確法）」に基づき制定された。建物の倒壊のしにくさを評価している。

耐震性をはじめ性能の秘密は、完成してから
では見られない壁のなかに。各地で開催して
いる「構造見学会」で、その様子を確認できる。

オリジナルの壁や窓、換気システムが
住み心地をさらに高める

ウェルネストウォール

15工程にも及ぶミルフィーユ構造。
湿度をコントロールするオリジナルの壁

　ウェルネストウォールは、ジメジメとした夏には湿気を吸収し、乾燥した冬にはゆっくりと湿気を放出する、「蔵」の土壁のような調湿作用のある壁をめざして独自に開発した自慢のオリジナル壁です。

　特長は大きく3つあります。1つは、セルロースファイバーとロックウールの「ダブル断熱」。断熱材の厚みは205mmと通常の住宅の2倍以上となっています。2つめは、壁のなかに「通気層がない」こと。一般的に、外壁にサイディングを採用する住宅では、サイディングの裏側が壁のなかに入った湿気で傷まないよう、通気層を設けています。当社の場合、外壁は左官職人が下塗り、中塗り、最後に塗料や防蟻材の入った材料を上塗りして仕上げる塗り壁（※1）となっているため、通気層が必要ありません。3つめは、「気密性」が高いこと。こちらについても職人さんのていねいな仕事により気密性を確保しています。内壁から外壁まで、壁ができ上がるまでに職人さんたちの手が15回も入って、気密性・断熱性が高く、湿気に強いウェルネストウォールはつくられています。

室内壁は紙クロスの上に漆喰塗装を施し、仕上げられている。漆喰は高い吸放湿性をもつのが特長。

壁

15 工程

緑の柱、充填断熱、外張り断熱、耐力面材、気密シートなど、しっかりと気密をとりながら、15もの工程を経て、ウェルネストホームの壁はできています。

※1 塗り壁

下地の上にモルタルや土、漆喰などの素材を下塗り、中塗り、上塗りと何層にも塗って仕上げた壁のこと。昔から民家や蔵などの壁に使われてきた。

ウェルネストウィンドウ

熱を逃さず結露も起こさない、国内開発のオリジナル窓

　建物の熱の約40％が逃げていくといわれる窓。一方で、太陽光による熱が入ってくるのも窓です。窓から熱が逃げないようにするためには、窓枠を熱伝導率（※2）が低い樹脂や木にする必要があります。アルミの窓枠もまだ多く見られますが、アルミは樹脂や木にくらべて1000倍近くも熱を通しやすく、窓枠に結露が起こる原因となってしまいます。

　これから家を建てる場合は、トリプルガラスをおすすめします。ガラスは太陽光をとり込むために3〜5㎜程度と薄くつくられているので、1枚では熱を伝えやすいのが欠点。ガラス間の空気層が保温効果をもつトリプルガラスであれば、その心配はありません。当社では、標準でトリプルガラス＋樹脂サッシを採用。ガラスのサイズや厚みを工夫し、低周波数帯の交通騒音もカットしています。

　窓を柱に対してどのように設置するかも重要。窓が外側にはみ出す「半外付け窓」は、結露が起きたり、地震で窓が落下したりする危険性があります。当社では結露にも地震にも強い、柱と柱の間に窓枠をおさめる「内付け窓」を採用しています。

設立当初はドイツから輸入した窓を使用していたが、国内でオリジナル窓を生産できるように。

トリプルガラス＋樹脂サッシ

U値 **0.78** W/㎡K

ウェルネストホームの窓はフレームに樹脂を採用。また、3層のガラスの間にはアルゴンガスを注入。断熱性が非常に高く、結露対策にも有効です。

※2 熱伝導率

素材がどれくらい熱を通しやすいかを表す指標。熱伝導度とも呼ばれ、単位は「W/m K」（ワット/メーター ケルビン）。数値が高いほど熱を通しやすい。

ダクトレス換気システム

24時間換気はなぜ必要？
熱交換換気のメリット・デメリットとは

　建築基準法の改正により24時間換気（※1）が義務づけられたのは2003年のことです。それまで隙間風が多かった日本の家ですが、気密化が進むなかで反対に換気不足に。急速に普及した新建材に含まれるホルムアルデヒドなどの揮発性有機化合物が室内にたまり、めまいや頭痛などが起こる「シックハウス症候群」が社会問題となり、24時間換気が義務づけられました。

　窓を開けて換気する「自然換気」に対して、給気口と排気口をつくり、どちらかまたは両方にファンを設置して空気を入れ換える方法を「機械換気」といいます。それは以下の3種類に分類されます。

● 第1種換気方式：給気口・排気口両方にファンがある
● 第2種換気方式：給気口のみにファンがある
● 第3種換気方式：排気口のみにファンがある

　第1種換気方式は給気口・排気口ともにファンがあるため、一番よく空気の入れ換えをすることができる方式です。ただし、外気もしっかりとり込むため、外気が汚れている場合には空気浄化装置の設置も考えなければなりません。第2種換気方式は給気口のみにファンがあるため、外気を主にとり入れたい工場や病院に適した換気方式です。第3種換気方式は排気口のみにファンがあり、排気をしっかり出し、出した分を補う空気を給気側で自然にとり込みます。キッチンやトイレ、バスルームに設置されているタイプがこの換気方式です。

大がかりなダクトが必要なく、
温度と湿度をムダなく活用できる

　ウェルネストホームでは、第1種換気のなかでも「ダクトレス換気システム」を採用しています。これは、メンテナンスコストと電気代が安く、効率的に熱交換換気ができる仕組みです。“ダクトレス”の名のとおり配管はなく、居室の対角にあたる位置に換気ユニットがペアで設置されています。仮にA・Bとすると、換気扇Aが排気する間に換気扇Bは給気します。70秒たつとそれが入れ替わり、Bが排気する間にAが給気。これを70秒ごとにくり返します。

　換気扇ユニットの蓋をはずすと高性能フィルター

※1 24時間換気

常に換気を行い、空気の入れ換えを行う仕組みのこと。2003年の建築基準法改正により義務化。2時間で家全体の空気が入れ換わるよう定められている。

見た目もスマートなダクトレス換気システム。カバーをはずしてのメンテナンスも簡単。

があり、その奥に非常に燃費のいいDCモーターのファンが、さらに奥には直径15㎝ほどの「セラミックの筒」が入っています。セラミックは小さな穴がいっぱいある多孔質で蓄熱性が高く、たとえば、冬に室内のエアコンで暖まった空気を70秒かけて排気すると、その間にセラミックの筒が排気の熱で暖まります。次に70秒かけて冷たい外気をとり込むと、セラミックの筒を通る間に外気は暖められて室内に入ってきます。また、セラミックの筒は排気するときに湿気も吸着。たとえば、冬には乾燥した外気を給気するときに、吸着していた湿気を外気に渡して室内にとり込むため、湿度もムダなく利用できます。

ただし、「ダクトレス換気システム」は、壁のなかに約15㎝のセラミックの筒やファンなどを設置しなければならないため、壁の厚みがある程度必要。また、壁のなかに通気層があると十分に効果が得られません。その点、ウェルネストウォールは、断熱材だけで205㎜の厚みがあり、通気層もないため、問題なく設置できます。

人が1日に摂取している量が約20kgともいわれる「空気」。常に呼吸して生命を維持するために欠かせない空気のことを考えて、私たちは「ダクトレス換気システム」を採用しています。

熱交換換気システム

87 %

空調した室内の空気を換気で捨てすぎずに室温を一定に保つ、熱交換型の換気システムを採用。捨てる空気から最大87%もの効率で熱を回収しています。

出典：エディフィス省エネテック株式会社

オークのフローリング

無垢のフローリング材には、
200年かけて育ったオークを使用

　無垢フローリングは、ふれたときに感じる温もりのある肌ざわりや、やさしい踏み心地をはじめ、一本一本異なる美しい表情や経年美、木材に加工されてもなお呼吸を続ける高い吸放湿性、吸音効果など、たくさんの魅力があります。

　なかでも、ウェルネストホームがフローリングに選んでいるのは、デンマーク産のヨーロピアンオーク（※1）です。200年かけて育ったオークは堅く丈夫で、中世にはヴァイキングの船板に使われていました。その後、オークは家具に使用されるようになり、今でもデンマーク家具は北欧デザインを代表する逸品として人気を博しています。

　オークは成長が遅く、使用できる木材になるまでに長い年月がかかります。200年かけて育ったオークを、15mmの無垢フローリングとして使用するのは非常に贅沢で、過剰性能だと考えます。そこで、当社では表面の挽き板（※2）に4mmないし2mmのオークの一枚ものを使い、下に13mmないし11mmのポプラ材を使用しています。もし長い年月の間に汚れても表面をカンナで0.5mm削れば、美しい色合いのオークに戻ります。4mmあれば3回は削れるので、100年、150年、フローリングとして使えます。真冬でもスリッパを履かずに、素足で木の心地よさを味わえる暮らしを、ウェルネストホームはお届けします。

森を絶やさず、自然環境を守るために
持続可能な森林からのみ木材を入手

　持続可能性の高い社会をめざすウェルネストホームでは、フローリングの木材は、豊かな森林の自然環境を守り、森の恵みを絶やさないことや、働く人の権利や安全を守り、先住民族の権利を尊重することなどに基づき、持続可能な森林管理を行っている「FSC認証」（※3）を取得している森林の木のみ使用しています。伐採と植林が同時にコントロールされている、途絶えることのない森を増やしていくことを重視し、トレーサビリティのわからない違法伐採の可能性がある木は、使用しないようにしています。

　木材のトレーサビリティだけでなく、製造工場も「環境保護や労働環境に対して強い意志がある」「持続可能な森からしか原材料を仕入れていない」などの条件をクリアしたところに依頼しています。

※1 オーク

堅く耐久性、耐水性が高いのが特徴。日本ではナラ材のことをオークと呼ぶ。ヨーロッパでは古くから船板や高級家具、ワイン樽などに使われてきた。

※2 挽き板

天然木を2〜4mmに挽いた単板や、表層に挽き板を張った床材のことをさす。挽き板は厚みがあるため、無垢材と同様の意匠性の高さや足ざわりを実現。

※3 FSC認証

「適切な森林管理」を認証する国際的な制度。認証を受けた森林から産出した木材などに認証マークをつけ、持続可能な森林の利用と保護をめざす。

ウェルネストホームのフローリングは、持続可能な森林経営をしているヨーロッパのFSC認証林で伐採されたポプラ材や、幅が180〜190㎜、長さが2mの一枚もののヨーロピアンオークを採用している。

快適・安心に住み継ぐための
3つの設計ポイント

Point**1** ＿＿ 矩形の家

コストカットとエネルギーロスを防ぐ。
家の形はシンプルに！

　家の設計を考えるとき、「あんな家にしたい」「こんな間取りにしたい」とどんどん夢がふくらみ、収拾がつかなくなりがちです。そこで、ここでは快適にムダなく暮らすために重要なポイントを、シンプルに3つだけご紹介したいと思います。

　1つめは、「建物はなるべく小さいほうがいい」ということです。といっても、窮屈な家でがまんして過ごしてくださいというわけではありません。言い換えれば、「必要以上に大きくつくりすぎないこと」。特に外壁の表面積はなるべく少なくしたいものです。常に外壁は日ざしや風雨などの自然にさらされるため、外壁表面積が大きいほど室内の温度や湿度は外気の影響を大きく受け、光熱費がかかる家になってしまいます。

　その影響をできる限り小さくするために、外壁には耐久性が高く、防水性にもすぐれ、気密性や断熱性など性能のよいものを使う必要が出てきます。しかし、それらは割高になる傾向が強いため、外壁表面積が増えるほど、余分な施工費がかかってしまうのです。

床面積が減り、外壁面積が増える。
これが最もやってはいけないこと

　最も外壁表面積が小さくなるのは球形（ドーム型）の家ですが、家具が配置しにくく、実際につくるのもたいへんです。次にいいのは正方形ですが、敷地の形状的に正方形の家が入らない場合が多いでしょう。そこで、現実的におすすめしているのが、矩形［＝長方形］（※1）の家です。

　たとえば、凹字形やL字形の家を思い浮かべてみてください。凹字形の家は、へこんでいる部分だけ、長方形の家にくらべて床面積は減っているのに、外壁の表面積は増えています。同じくL字形の家も、右上の欠けている部分の床面積は減っていますが、外壁は長方形の面積と変わりません。これらは、設計者としては最もやってはいけないことだと私は考えています。室内に光をとり込みたい、駐車スペースを確保したいなど特別な理由がない場合、シンプルな長方形を選択することが、床面積を広く確保でき、建築コストや外部からの熱の影響を最も抑えられるのでおすすめです。

　シンプルな矩形のデザインははやりに流されず、飽きがこないのもメリットのひとつです。

※1　矩形

4つの角がすべて直角の四辺形のこと。
長方形と同じ意味。「矩」は大工が使う
直角をはかる指矩を意味することから、
矩形といわれるようになったとされる。

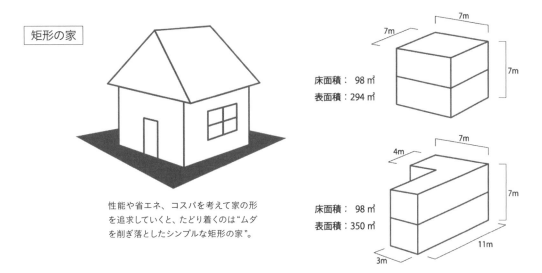

矩形の家

床面積： 98 ㎡
表面積：294 ㎡

床面積： 98 ㎡
表面積：350 ㎡

性能や省エネ、コスパを考えて家の形を追求していくと、たどり着くのは"ムダを削ぎ落としたシンプルな矩形の家"。

「気密」「断熱」「日射」のイメージ

気密はウインドブレーカー

気密とは隙間風が入るのを防ぐウインドブレーカーのようなもの。

断熱はセーター

断熱性能が高いポカポカ暖かい家は、厚いセーターを着ているかのよう。

日射はサンバイザー

サンバイザーをかぶるように、日射をコントロールできる家を。

Point 2 ── 日射

冬のことを考えた家づくり。
太陽の自然エネルギーを最大活用！

　兼好法師（※1）は『徒然草』のなかで、「家のつくりようは夏をもって旨とすべし」（家をつくるときには、夏の住みやすさを優先すべき）と述べましたが、それは気密や断熱の概念がなかった時代の話。現代では、「冬をもって旨とすべし」が正解でしょう。なぜなら、夏はたとえば気温が37℃のとき、11℃下げることで26℃にしてあげれば快適に過ごせます。一方で、冬は0℃の気温を23℃まで上げなければいけません。つまり、暖房のほうが冷房よりも約2倍のエネルギーが必要となるのです。ですから、設計では「冬に室内に光が入ること」を最優先に考えています。

　ウェルネストホームでは、1棟ごとに"冬の日射取得"と"夏の日射遮蔽"のシミュレーションを行いながら設計を進めています。太陽から降り注ぐ日ざしは、地球上で最も大きなエネルギー源で、その量は全人類が1年で使うエネルギーの2万倍以上といわれています。冬には、この"自然の暖房"を使わない手はありません。逆に、夏に太陽という暖房を室内にとり込んでしまうと、部屋のなかは蒸し風呂

夏の日射遮蔽と冬の日射取得量のシミュレーションを行いながら、軒や庇を含め設計を行う。

状態に。そこで、夏の日射をさえぎることに役立つのが、軒や庇、袖壁などです。地球は自転軸（※2）が傾いているので、夏の太陽の高度は高く、冬は低くなります。そのため、軒や庇をつけることで、夏の日射をさえぎり、冬はとり込むことができるのです。

　軒や庇による対策に加えて、窓の外に電動の外付けブラインドやロールスクリーンを設置し、必要に応じて上げ下げして日射をコントロールできるよう対策を施すことも可能です。

※1 兼好法師

本名、卜部兼好。吉田兼好とも呼ばれる。鎌倉時代末期から南北朝時代にかけての歌人、随筆家、遁世者。日本三大随筆のひとつ『徒然草』の作者である。

※2 自転軸

天体が自転する際の回転軸。地球では、公転軌道面に垂直な直線に対して約23.4度傾いているため、太陽高度と日照時間が変わり季節の変化が生まれる。

Point3 ___ 遮音

騒音のストレスなく暮らすには、「窓」と「壁」の遮音性・気密性が重要

　長く快適に暮らすポイントの3つめは、「静かである」ことです。静かな家だから、ゆったりくつろぐことができ、家族の会話も自然と弾みます。

　家のなかで最も音が伝わりやすいのは、「窓」です。窓の遮音性能を表す数値として、JIS規格で定められた「T値」（※1）があります。T値とは、500Hz（※2）以上の音域で、外からの音をどのくらい遮断できるかを表す値。T-1、T-2、T-3、T-4の等級があり、T-4が最も遮音性能があるとしています。たとえば、一般的なT-1のサッシの場合、25dB（※3）程度の遮音性能があり、救急車のサイレンの音（80dB）をふつうの会話（60dB）程度まで遮音できます。ただし、これは高い音域の話。チェックすべきは、日常的な騒音として身近な車やトラックの走行音などの低い周波数帯の音を防げているかです。

　当社のオリジナルのトリプルガラス樹脂サッシである「ウェルネストウィンドウ」は、ガラスのサイズや厚み、サッシ枠の空気層などを工夫し、低周波数帯の交通騒音もしっかりとカットします。

　同じくオリジナルの「ウェルネストウォール」も遮音性にすぐれています。壁のなかに105mmのセルロースファイバーを密度55kg/㎥で充填し、さらに10kg/㎡の耐力面材、120〜130kg/㎥の100mmのロックウールを張っているため、当社の壁は㎡あたり33kg以上の重さがあります。これは一般的な木造住宅の5倍の重さです。このように、ガラスや壁の重さが音を遮断することを知っておくとよいですね。また、夜が静かだと睡眠にもよい影響が。「夜中に起きなくなった」「目覚めたときの疲労感がない」などの声もいただいています。

遮音性

1/100

窓と壁は外からの500Hz以上の音域の音を40dB以上削減することができます。マイナス40dBとは、屋外の騒音を100分の1以下まで減少させる遮音性能です。

※1 T値
サッシの遮音性能を表す数値。外部から入ってくる音を、T-1は25dB以上、T-2は30dB以上、T-3は35dB以上、T-4は40dB以上小さくできる。

※2 Hz（ヘルツ）
音の波が1秒間に何回波打つのかを数値化したもので、「周波数」という。周波数の数字が大きいほど高い音となる。男性の話し声は500Hzほど。

※3 dB（デシベル）
音の大きさを表す単位。基準レベルを0dBとし、それに対しての大きさ（相対値）を表す。数値が大きいほど、音が大きくうるさい状態となる。

100年、住み継ぐために欠かせない
耐震性・耐久性を改めて考える

完成直前に東日本大震災を経験したが、
ヒビ1つ入らなかった家

　ウェルネストホームを創業する1年ほど前、私が信頼する当社の設計顧問でもある設計士の小林直昌さんとともに、建築基準が高いドイツで学んできた考え方や手法をとり入れた住宅を形にしようと、福島県いわき市でご縁があった但野さまの住まいを手がけさせていただきました。

　当時から「100年長もちする家」をコンセプトに掲げ、「木が腐らない」ことを大切に、ドイツから輸入した建材などを用いて建築を進めました。そして、外壁ができ上がり、足場もはずし、あとは内壁を塗れば完成というときに、あの巨大な東日本大震災が発生したのです。但野さまのお宅のある福島県いわき市は震度6弱。ところが、但野邸は外壁にヒビ1つ入らなかったのです。

　その後の余震に対しての被害ももちろんなく、10年以上過ぎた今でも、安心して暮らしていただいています。

　また、福島県で家を建てたいという新規の依頼があった際には、事例として見学させていただくなど、但野さまにはたいへん感謝しています。

地震に強い家は、家族の安全と命を守ってくれる。大切なのは、短期間ではなく、孫の世代まで変わらず守り続けられるか。

柱と壁が1・2階で同じ位置にそろう。
耐震設計では「直下率」も重視

　ウェルネストホームの家は、これまでもお話ししたとおり標準仕様で耐震等級3を確保しています。耐震設計で重視しているのは、次の4点です。
①建物が正方形または長方形でバランスがよい。
②1階と2階で壁がずれないこと。
③家の角に必ず壁があること。
④家の外まわりだけでなく、中通りにも必ず壁が通っていること。

　なかでも見落とされがちなのが、「壁の直下率」です。柱と壁が1階と2階でバラバラの位置にあるよりも、上下そろって配置されているほうが、地震の揺れに対して強くなります。

　それだけでなく、ウェルネストホームでは、壁のなかに耐力面材を全面に施工しています。一般的な木造住宅では、地震や台風などの水平や垂直にかかる力に耐えるために、柱と柱の間に「筋交い」（※1）という補強材を入れ、斜めに固定します。壁に耐力面材を張ることは、その筋交いを交差させてとりつけた「たすき掛け筋交い」と同等の構造耐力を発揮するのです。

日本の一般的な木造

補強に筋交いを使用

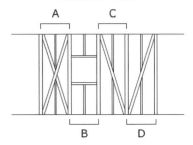

ウェルネストホームの場合

補強に耐力面材を使用

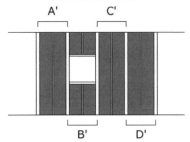

内断熱に同じセルロースファイバーを使用した場合の比較
・A（たすき掛け筋交い）とA'（耐力面材×2.7）の構造耐力は同等。
・AとA'ではA'のほうの断熱性能が高い。
・B（耐力面材なし）とB'（耐力面材あり）ではB'のほうの構造耐力が大きい。
・BとB'の断熱性能は同等。
・CおよびDにくらべて、C'およびD'は構造耐力が大きく、断熱性能も高い。

※1 筋交い

木造住宅において、柱と柱の間に斜めに入れる補強材のこと。筋交いを入れることで横揺れ・縦揺れに強くなり、耐震性がアップする。

シロアリ対策＝地震対策。
阪神淡路大震災のデータからわかること

前ページでは耐震性について見てきましたが、新築時に確保した耐震等級3の性能を30年後、40年後、50年後、それ以降も維持することが重要です。そのためには、何度も申し上げますが、壁のなかで結露が起こらないよう気密性をしっかりと確保して「木を腐らせない」ことと、もう1つは「防蟻対策（シロアリ対策）」が欠かせません。

1995年に発生した阪神淡路大震災では、6434名の死亡者のうち約8割のかたが、倒壊した住宅や家具などの下敷きになって亡くなりました。震災後に日本建築学会近畿支部によって行われた、築後30年未満の被害調査（東灘区）によると、「シロアリ被害・腐朽あり」とされた家屋のうち約90％が全壊しているのに対し、「シロアリ被害・腐朽なし」の家屋では全壊は約20％に抑えられ、50％以上の住宅が軽微な被害ですんでいます。つまり、シロアリ被害があると耐震性は大幅に低下し、ひとたび大きな地震が起こると築30年未満でも倒壊する危険性が高くなるということです。

日本の木造住宅では防蟻対策として、地面から1mまでの土台や柱などの木部に薬剤を塗布したり、吹きつけたりするのが一般的です。この薬剤塗布・吹きつけによる防蟻効果は約5年で失われるため、5年ごとに再施工が必要となりますが、壁に覆われた柱や土台、構造用合板など、隠れている木材は塗布できませんので、シロアリや腐朽菌の被害が発生しやすくなります。

防蟻効果が長続きする「緑の柱」と、
シロアリが食べない無機物を適所に採用

そこで、ウェルネストホームでは、シロアリ対策として防蟻成分が加圧注入された「緑の柱」（※1）を、採用しています。防蟻成分のひとつである銅化合物は、10円玉や調理器具などにも使われている、とてもなじみ深い物質です。また、塩化ベンザルコニウムは、歯磨き粉やウェットティッシュ、病院で使用する消毒液などに使われている薬剤です。

どちらも人体に悪影響を及ぼさず、安定した天然資源のため、揮発や劣化を起こすことなく、効果が長期にわたり持続するのが特徴です。この防蟻成分を表面に塗るのではなく、加圧注入により奥までしっかり浸透させています。

※1 緑の柱（ACQ処理木材）

国産無垢材に防蟻成分を加圧注入することで、非常に高い防腐・防蟻効果を長期にわたり発揮する木材。（株）コシイプレザービング（大阪市）が開発。

この「緑の柱」は、公園の木製遊具や遊園地の木製ジェットコースターなどに使われていることからも、防腐効果が長く続くことがおわかりいただけると思います。

「緑の柱」に加えて、当社ではシロアリの特性に合わせた防蟻対策を施しています。その特性とは、シロアリが食べるのは有機物であり、無機物は食べないということ。有機物とは有機化合物の略で、炭素を含む化合物の大半をいいます。建材では柱や土台、合板などの木材はもちろん、プラスチックでできたビニールクロスや断熱材も有機物です。一方、無機物は有機物を除いたすべての物質で、建材では金属や石などが無機物です。

ウェルネストホームで使用している断熱材のロックウールや耐力面材は、無機物の天然岩石や鉱物、セメントが原料です。新聞紙が原料のセルロースファイバーは有機物ですが、無機物のホウ酸を20％混ぜ合わせることで、シロアリが食べられないように処理しています。

このように、ウェルネストホームでは木を長もちさせることが家族の命を守ると考え、結露による木の腐朽だけではなく、「シロアリ対策」＝「耐震対策」であるとして、徹底した対策を実施しています。

写真右から、緑の柱、無処理材、シロアリ被害材。緑の柱は防蟻成分が加圧注入されているため、断面を見ると、柱の内部まで薬剤が浸透しているのがわかる。

超高耐久

100年

構造材は、緑の柱（ACQ処理木材）を標準採用。シロアリや腐れに非常に強い木材で、理論上では100年以上の耐久性があるといわれています。

出典：株式会社コシイプレザービング

ウェルネストホームの家に暮らす、2つの大きなメリット

快適・健康に暮らせる

温度と湿度を適切にコントロールし、
家族も住まい自体も健康に

　住まいは、家族が「健康」で暮らすことができなければ意味がありません。ウェルネストホームは、社名に「WELLNESS」（＝健康であり続ける）という意味も込めているとおり、健康のことも重視した家づくりを創業当時から徹底しています。

　「Point2 温度」（p.100）のところでもお話ししましたが、エアコン1台で一年じゅうどの部屋も快適な温度と湿度に保てるように、気密性と断熱性を高めた私たちの家では、急激な温度差が原因となる「ヒートショック」による、脳梗塞や心筋梗塞を引き起こす心配がありません。

　また、総務省消防庁によれば、2018〜2023年の「熱中症」の発生場所は、40％前後が「住居（敷地内を含む）」となっています。室内では、夜間の熱中症にも気をつける必要がありますが、当社の家は時間帯に関係なく温度と湿度を快適に保つため、睡眠を含め、安心して過ごすことができます。

　また、健康に悪影響を与える住まいの問題が「結露」です。気密性や断熱性が低く、湿度や温度のコントロールが適切にできていない家では、壁や押し入れのなかなど、さまざまな場所で結露が生じ、そこでカビが発生。カビをエサにするダニも繁殖します。部屋のなかに太陽の光がさし込んで、ホコリがチラチラと舞っているのをよく目にしますが、実は、そのなかにはダニの死骸が含まれています。これがアレルギーの原因物質となり、アレルギー性皮膚炎や気管支喘息などを引き起こす一因となるのです。気密性や断熱性にすぐれ、結露の心配がなく、カビやダニの発生も防ぐ、家族と住まいの健康を守れることが、当社の家の大きなメリットです。

エアコン

1台

気密性・断熱性が高いため、外気温に左右されることなく、エアコン1台で一年じゅう快適な室温で暮らすことができるうえ、光熱費を抑えることができます。

※ 間取りやプランにより異なる場合があります。

ランニングコストが抑えられる

日々かかってくる光熱費と、
将来のメンテナンス費用をカット

「住んでからお金がかからない」。これがウェルネストホームの家に暮らす2つめのメリットです。家づくりを考える際には坪単価や建築費総額、月々のローン返済額などに目がいきがちですが、「住んでからかかるお金」も重要なチェックポイントです。その代表格が「光熱費」と「修繕費」です。

車を購入する際、多くの人は購入費だけでなく、「燃費」についても必ず気にするはずです。なぜなら、車に乗り続けるかぎりガソリン代は常にかかるからです。この車のガソリン代にあたるのが、「光熱費」です。気密性や断熱性をしっかりと確保した当社の家は、室内の熱が逃げたり外部の冷気が入ってきたりということがなく、日々かかる光熱費を大幅に節約できます。すなわち「燃費のよい家」ということです。

また、「修繕費」についても、あなどってはいけません。屋根や外壁、内装の張り替えをはじめ、キッチンや洗面、給湯器、エアコンなどの設備の交換、防蟻処理など、合計すると新築購入時以上のお金が必要になるケースもあります。しかも、修繕費は築

20年前後から大幅に増えていきます。30〜40代で家を建てた人なら、50〜60代。まさに老後を控えた時期に、予期せぬ大きな出費が発生するのはかなりの痛手でしょう。

一般的に、メンテナンスに多くの費用がかかるのは、「安い建材を使い、短い工期で建てた家」です。一方で、漆喰や無垢の木、石などの自然素材を使って、職人さんが確かな技術で手間ひまかけてつくった家は頑丈です。建てたあとに費用がかからない家は、ストレスがかからない家ともいえます。

布団

1枚

冬でも一日じゅう温度が20〜23℃と一定のため、冬用の分厚いお布団や毛布がなくてもお布団1枚だけで朝までぐっすり眠れるとご感想をいただいております。※

※ 弊社モデルハウスに宿泊されたかたより。

よい家は、子や孫世代も幸せにする

建て替え費用という最大の出費が
100年間発生しない家

　2007年、初めてドイツのフライブルクを訪れた私は、街の活気に驚きました。人口は23万人ほどのドイツ南西部にある地方都市ですが、シャッター商店街が見られるような日本の地方都市の姿とは大きく異なり、美しい街並みが広がり、子どもたちも元気に遊び回っていました。

　これには多くの要因があると思いますが、そのひとつとして建物の寿命が長く、一度家を建てれば、子どもや孫たちが住宅ローンに苦しむ必要がなく、修繕費の支出のみですむことも大きいのではないかと気づきました。

　前ページで「住んでからかかるお金」の代表格のひとつが「修繕費」だとお話ししましたが、修繕費を超える最大の出費が「家の建て替え費用」です。日本の住宅の寿命は30年といわれますが、これは欧米諸国の住宅にくらべて半分にも満たない非常に短い寿命です。

　いっぽうで、人生100年時代といわれるように、日本人の平均寿命は年々延び続けています。この100年間を健康に暮らしていくには、心身の健康だけではなく、財布も健康であることが望まれます。新しく家を建てて、30年後にまた家を建て替えなくてはいけないとなっては、財布が健康とはいえません。「何千万円もかけて30年しかもたない家をつくるのは、もうやめにしなければならない」と、私は強く感じています。建築時にある程度、費用をかけることで、性能や資産価値を落とすことなく、長もちする家を建てることができます。

　子世代や孫世代も幸せにする100年住み継がれる家を、ぜひいっしょにつくっていきませんか。

CO₂ 排出量

CO₂
60~90 % 以上削減

ウェルネストホームで1年間に排出するCO₂の量は、一般家庭のそれに対し、断熱だけでも60%削減。太陽光や蓄電池、自動化システムを入れると90%以上削減することができます。CO₂排出量は光熱費と同義です。

数字で知る
ウェルネストホームの性能

ウェルネストホームのBHAG「『健康　快適な住空間』で世界トップブランドへ」を体現するのが、ここに記載する数字の証明です。快適、健康、長もちの住宅は、はっきりとした数値目標と設定のもとに建設されています。

調湿

13 L

室内壁は、紙クロスの上に漆喰塗装が標準仕様です。漆喰はビニールクロスとは異なり、高い吸放湿性をもつため、1日あたり家1棟で約13Lもの水分を調湿します。

居室間温度差

2 ℃前後

高気密・高断熱にこだわる私たちの住宅では、居室間の温度差を2℃前後に抑えることができます。1階も2階も、南側も北側も、ほぼ変わらない室温を保ちます。
※ 間取りやプランにより異なる場合があります。

超高気密

平均C値 **0.2** ㎠/㎡

家の隙間面積を示すC値は気密性能の基準です。ウェルネストホームの平均C値0.2㎠/㎡は、職人さんの腕のよさを証明する数値でもあります。

UA値

平均 **0.25** W/㎡K※

住宅の断熱性能を表すUA値は、数値が低いほど断熱性にすぐれています。ウェルネストホームのUA値は、国が推奨する断熱基準の約3倍以上の断熱性能です。
※ お客さまのご要望やプランによっては0.28W/㎡K程度になる場合があります。

屋根 / 天井断熱

300 ㎜

屋根※／天井の断熱材には、断熱、調湿、防音に非常にすぐれたセルロースファイバーを厚さ300㎜以上（一般的な住宅の2倍以上）使用しています。
※ 屋根断熱はオプションです。

ダブル断熱

205 ㎜

ウェルネストホームの壁はダブル断熱（充填断熱＋外張り断熱）を採用し、断熱材だけで合計で205㎜の厚み（一般的な住宅の2倍以上）です。

耐震等級3設計

50 % off

耐震等級3設計が標準仕様です。等級3は、等級1の1.5倍の地震に耐えられるだけの性能・耐震強度水準です。地震保険の保険料が50％割引になるのも利点です。

※ 地震保険の割引を適用するためには、有償の第三者評価を受けていただく必要があります。

壁

15 工程

緑の柱、充填断熱、外張り断熱、耐力面材、気密シートなど、しっかりと気密をとりながら、15もの工程を経て、ウェルネストホームの壁はできています。

トリプルガラス＋樹脂サッシ

U値 ## 0.78 W/㎡K

ウェルネストホームの窓はフレームに樹脂を採用。また、3層のガラスの間にはアルゴンガスを注入。断熱性が非常に高く、結露対策にも有効です。

熱交換換気システム

87 %

空調した室内の空気を換気で捨てすぎずに室温を一定に保つ、熱交換型の換気システムを採用。捨てる空気から最大87％もの効率で熱を回収しています。

出典：エディフィス省エネテック株式会社

遮音性

1 / 100

窓と壁は外からの500Hz以上の音域の音を40dB以上削減することができます。マイナス40dBとは、屋外の騒音を100分の1以下まで減少させる遮音性能です。

超高耐久

100 年

構造材は、緑の柱（ACQ処理木材）を標準採用。シロアリや腐れに非常に強い木材で、理論上では100年以上の耐久性があるといわれています。

出典：株式会社コシイプレザービング

エアコン

1 台

気密性・断熱性が高いため、外気温に左右されることなく、エアコン1台で一年じゅう快適な室温で暮らすことができるうえ、光熱費を抑えることができます。

※ 間取りやプランにより異なる場合があります。

布団

1 枚

冬でも一日じゅう温度が20〜23℃と一定のため、冬用のかけ布団や毛布がなくても肌がけ1枚だけですみます。

CO₂ 排出量

CO$_2$

60〜90 % 以上削減

ウェルネストホームで1年間に排出するCO₂の量は、一般家庭のそれに対し、断熱だけでも60％削減。太陽光や蓄電池、自動化システムを入れると90％以上削減することができます。CO₂排出量は光熱費と同義です。

Chapter

5

LIFE IN
WELLNEST HOME
ウェルネストホームの暮らし

Autumn & Winter
秋・冬

ウェルネストホームの家に
実際に暮らす2組の家族を、
紅葉の美しい「秋」と
凍てつく寒さの「冬」に訪ねました。

家族をやさしく、強く守る家

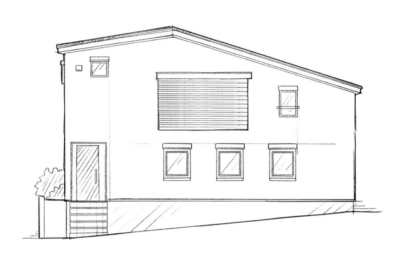

Chiba House
in Autumn

千葉邸

LOCATION：	愛知県	
LAYOUT：	3LDK	
FLOOR AREA：	110.13㎡（33.31坪）	
COMPLETION：	2017年12月	

Profile

千葉さん夫妻は音楽をきっかけに出会い、2009年結婚。祐司さんはデザイナー、ゆかさんはヨガインストラクターとして働く。祐司さんの趣味は音楽、ゆかさんはアクセサリーづくり。長男、長女と4人暮らし。

ほどよい距離感が、心地よい

上／勾配天井が開放的な2階リビング。天井にはスピーカーが設置されており、ヨガインストラクターである妻のゆかさんが、レッスンを行うことも。壁には「ルナしっくい」を使用。天井にはシーリングファンもとりつけた。
下／リビングの南側には、一段高くしたDKが。「リビングで遊ぶ子どもたちの様子を感じながら、料理にも集中できるのがお気に入りです」

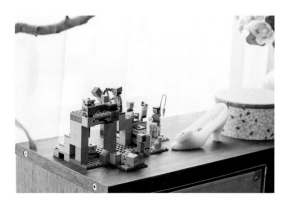

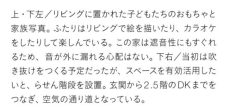

上・下左／リビングに置かれた子どもたちのおもちゃと
家族写真。ふたりはリビングで絵を描いたり、カラオケ
をしたりして楽しんでいる。この家は遮音性にもすぐれ
るため、音が外に漏れる心配はない。下右／当初は吹
き抜けをつくる予定だったが、スペースを有効活用した
いと、らせん階段を設置。玄関から2.5階のDKまでを
つなぎ、空気の通り道となっている。

上／リビングから一段高いフロアに設けたDK。屋根の断熱材ギリギリまで天井を上げてもらったことで、シンク上に棚が設けられた。キッチンは造作にも憧れたが、手入れのしやすさを重視して「タカラスタンダード」に。テーブルは造作。天板の下には収納があり、使う食器をすぐにとり出せる。下右・下左／子どもたちは料理をよく手伝ってくれる。コンロはガスを採用。

上／ふだんゆかさんは車で10分ほどの距離にあるヨガスタジオへ出かけ、デザイナーである夫の祐司さんは自宅で仕事をすることが多いため、家事は夫婦で分担して行っている。下／以前のマンションの頃から愛用する椅子は、デンマークの「HAY」のもの。

2.5 階の DK は、この家の特等席

上／DKの小窓からは、子どもたちが遊ぶ公園が眺められる。横には、高断熱住宅と相性のよい熱交換換気システムが。下左・下右／自然エネルギーを生かすウェルネストホームでは、日当たりをシミュレーションし、最適な設計を提案。夏は窓に設置した電動シャッターやブラインドで日ざしをさえぎり、冬はシャッターを上げて光をとり込む。千葉邸では太陽光発電も導入。

冬は日ざしをとり込み、夏はさえぎる

上／トイレの壁には、長女が描いた絵が額に入れて飾られている。下左／ヨガだけでなく、小顔矯正の施術も手がけるゆかさん。2階のリビング横には、ゆかさんのワークルーム兼趣味の部屋があり、オンラインで顔ツボや小顔トレーニングなどの講座も行っている。下右／2階にある造作の洗面化粧台。洗面ボウルは「TOTO」を、水栓金具は「HomeLava」のものを採用した。

上左／玄関右手にあるらせん階段の下には、ピアノを配置した。上右／玄関から奥にある祐司さんの仕事部屋まで、一直線にのびる廊下。1階のエアコンは祐司さんの部屋に設置されており、ふだんは空気が巡るよう廊下の引き戸はすべて開けている。下／1階にも洗面とトイレを設けた。奥のシューズクロークの上には天井裏収納があり、キャンプ道具などをしまっている。

成長に合わせてフレキシブルに

1階のまん中にある子ども部屋は、最近、中央を棚でゆるやかに区切り2部屋に。上左／ピンクの壁紙のほうが長女の部屋。今は、ゆかさんとふたりで寝ている。上右／もう片方を長男が使っている。下／グリーンの印象的な壁には、長男の洋服を飾るように収納。

上左／1階奥にある祐司さんの仕事部屋の入り口には、自身でデザインした屋号のロゴが貼られている。上右／20年ほど前から、環境にもやさしい古着を好んで着ている祐司さん。大好きなマイケル・ジャクソンと同じジャケットも。中／好きな曲の歌詞。下／仕事部屋の手前にある祐司さんの寝室。1階の扉はすべて吊り戸で、閉めても空気が循環するよう、下に隙間を設けてとりつけられている。

せまさが落ち着く、仕事＆趣味の部屋

上右／祐司さんがデザインを手がける仕事部屋。「パソ
コンが置ければ十分。むしろ、狭い空間のほうが集中
できます」　上左／ゆかさんのヨガスタジオではフラダ
ンスも教えていて、祐司さんはダンスのバックで歌やギ
ターを担当。仕事部屋にはギターやアンプも置かれて
いる。下／この部屋で、マイケル・ジャクソンや荒井由
実などの曲を練習するのが癒やしの時間。

子どもたちの未来を大切にする
家づくりの考え方に共感して

近所の公園の木々が赤や黄色に色づく頃、北西風の"伊吹おろし"が吹き始め、冬の足音がだんだん近づいてくる。けれど、この家で過ごす千葉さん家族にとって、そんな冷たい風はまさにどこ吹く風。子どもたちはオークの床の上を、いつものように裸足で駆け回っている。

築40年のマンションから、静かな住宅街に建てたこの家に移り住み、6年が過ぎた。以前はデザイナーである祐司さんの事務所の家賃や光熱費もあり、「家のローンを含めた毎月の支出を考えると、家と仕事場を兼ねた一軒家を建てたほうが、安くすむのではと思ったんです」とゆかさんは振り返る。

建てたい家の候補として真っ先に浮かんだのが、ウェルネストホームだ。ヨガインストラクターのゆかさんは、友人が勤めていた同社のモデルハウスでヨガ教室を開催。その縁でモデルハウスの宿泊体験も、家族で2回経験していた。

「1回めは真冬で、外は雪が積もるほど寒いのに、家のなかは本当にエアコン1台で温度差がなく快適でした。もう1回は梅雨でしたが室内はサラッとしていて、自宅との違いに驚いたのを覚えています」

実は、高気密・高断熱をうたうほかのメーカーの展示場も見学に行ったが、各部屋にエアコンがあり、床暖房も設置されているなど、電力をたくさん使って強制的に暖かくする方法に違和感を覚えた。

「私たちは実用的で長く使える家具が好きだったり、僕は古着を好んで着ていたり、ふだんからなるべく環境への負荷が少ない暮らしをしたいと思っています。ウェルネストホームの家は、極力少ない電力で最大の快適さを得ようとしていたり、100年もつ家を建てることでゴミを減らすことをめざしていたり、環境や子どもたちの未来を大切に考えている。そんな家づくりの思想にも共感したんです」

2017年12月に完成した千葉邸は、奥に長い間取りのため、エアコンは各階に1台ずつ設置。基本的に、夏と冬はつけっぱなしにしている。

「以前の家はヒーターをつけたリビングだけが暖かく、廊下やお風呂は寒かったのですが、今は家じゅうがポカポカ！私は冷え性がなくなり、子どもたちも風邪をひかなくなりました」とゆかさん。

そのうえ、電気代も以前の約半分に抑えられた。子どもたちもこの家が大好きで、ショッピングモールなどに出かけるよりも家で過ごすことが増えたという。

「約20㎝の断熱材やトリプルガラスの窓、シロアリに強い柱など、標準仕様のままで十分すぎるほど頑丈で性能が高く、小さくても子どもたちをやさしく守る、シェルターのような家が実現できました」

これからもこの家とともに、家族の時間をゆっくり重ねていきたいと、千葉さん夫妻は願っている。

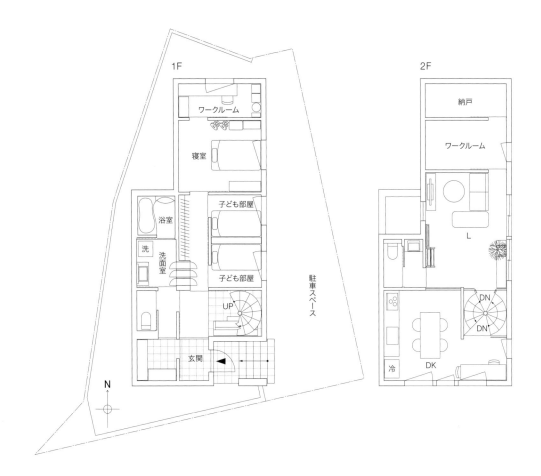

1F
ワークルーム
寝室
浴室
洗
洗面室
子ども部屋
子ども部屋
UP
玄関
駐車スペース
N

2F
納戸
ワークルーム
L
DN
DN
DK
冷

FROM THE ARCHITECT
建築設計者・入交元太

この土地は高度地区で斜線制限が厳しく、どうしても屋根の高いところと低いところが生まれてしまいました。その制限を逆手にとり、屋根が高い部分には公園を望む2.5階のDKを、低い部分にはご主人や奥さまの個室を配置することで、全体として気持ちのいい空間が実現できました。らせん階段は、連結する基礎から室内に熱が伝わらないよう処理を工夫しました。

DATA

家族構成	夫婦＋子ども2人
敷地面積	139.58㎡（42.22 坪）
建築面積	58.79㎡（17.78 坪）
延べ床面積	110.13㎡（33.31 坪）
	1F 54.65㎡＋2F 55.48㎡
建ぺい / 容積率	50/150%
構造・工法	木造2階建て（在来工法）
設計・施工	ウェルネストホーム / 丹羽ハウジング

子どもが元気に過ごす、温もりに包まれた家

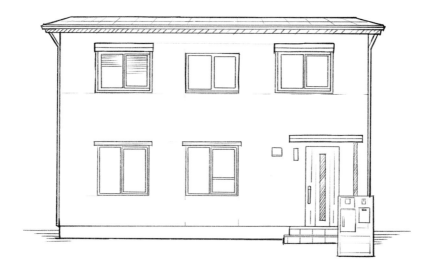

Sakamoto House
in Winter

坂本邸

LOCATION：	東京都
LAYOUT：	4LDK
FLOOR AREA：	149.90㎡ (45.36坪)
COMPLETION：	2022年7月

Profile

メーカー勤務の裕太郎さんと、元エステティシャンで現在は専業主婦の奈津さんはともに30代。6歳の長女と4歳の長男がいる。新居は裕太郎さんの実家の一角に建築。家族でJリーグのFC東京を応援中。

穏やかに家族を迎える家

右ページ上／和紙調のプリーツスクリーン越しに冬のやさしい光が入るLDK。夫の裕太郎さんの希望で天井の黒いライティングレールを効かせ、スポットライトは調光できるものを採用した。下／キッチンは「子どもに目が届くように」とオープンに。手元に立ち上がりをつけたり、背面収納の一部に扉をつけたりして、すっきり見えるよう工夫をこらした。

上／家づくりとステイホームの時期が重なり、「新居についていろいろと考える時間がとれました」と裕太郎さん。下左／天井まであるハイドアがのびやかな印象の玄関ホール。下右／パントリーは、玄関ホールと洗面室からアクセスできるウォークスルー型。コートクローク兼用で、食材の買い物をして帰宅後の動線がスムーズ。

キッチンのすぐ横に設けた洗面室は、奈津さんの一番のお気に入り。脱衣室と分離させて、家族が入浴中でも使えて、ゲストを案内しやすいスペースにした。子どもたちが中高生になったときの朝の"渋滞予防"のため、ミラーキャビネットは2つ設置。●●●

吹き抜けで上下階が一体に

上／ランドリールームとしても使える脱衣室。隣に今の
季節の衣類をまとめたウォーク・イン・クローゼットが
あり、洗濯物が片づけやすい。衣替えのタイミングで、
2階の寝室内のウォーク・イン・クローゼットと中身を
入れ替えている。中／住まいの中心に階段をレイアウト。
遊びに来た友人には、「吹き抜けがあるのに暖かい」と
驚かれる。下／2階のフリースペースも室内干しに。

上左／家の西側に広がる実家の庭を眺められる窓も、当初からの希望だった。上右／オープンなつくりのフリースペースを設けた、ゆとりのある2階。黒のスポットライトは1階より安価なものを選んでコスト調整。中・下／子どもの遊び場になっている南側のフリースペース。将来、壁を立てて個室にもできる。新体操をがんばっている長女は春からレッスンが週4回に。

食洗機で家事の負担を軽減！

上／「システムキッチン選びは食洗機ありきでした」と
裕太郎さん。性能とコスパに魅力を感じた「ミーレ」
の食洗機を標準クラスでも導入できるキッチンを探し、
「ナスラック」の製品に。中右／「予洗いが不要でカレー
のお皿もそのまま入れられるんです」と奈津さん。中
左・下／この日のお昼はお好み焼き。山芋のすりおろし
を入れるレシピは、奈津さんのお母さま直伝。

ダイニングセットをはじめ、LDの家具はナチュラルな
質感と"国産"が気に入った「MOMO NATURAL」で
購入。ショップに床材のサンプルを持参して、同じオー
ク材の雰囲気が近いものを選んだ。「家具選びで妻と
出かけた中目黒や自由が丘の街が新鮮でした」

上左・上右／「以前の住まいはエアコンのある部屋を出るとすぐに『寒い!』『暑い!』でしたが、この家はどこにいても快適に過ごせます」と奈津さん。住まいが変わり、子どもたちが混乱しないか心配したというが、「いっしょに工事の様子をよく見に行っていたからか、すぐになじんでくれました」　下左・下右／お待ちかねのお好み焼き。「もちもちでおいしい」と長男。

上／冬はホットプレート料理が坂本家の定番。奈津さんは子どもたちが大きくなったこの家での将来の暮らしに、思いを馳せることがあるとか。下／「ウーバーイーツで頼みたい」と友人も絶賛のお好み焼き。韓国料理のサムギョプサルを楽しむことも。

暖かな家で、家族の時間を

上・下／LDに隣接の和室は、裕太郎さんのお母さまとの同居を想定してプラン。布団用の収納は上部に神棚を設置できるように要望したもので、しばらくは季節の品や子どもの作品を飾るコーナーに。右／階段下のスペースを子どもの学習コーナーに。「キッチンから遠い場所だと料理中に呼ばれたりすると困りますが、キッチンの目の前なので会話もできて、見守りやすいです」

子どもに目が届く、安心な間取り

上左・上右／廊下に設けたアルコーブは坂本家のギャ
ラリー。上部はマグネットボードで仕上げ、子どもたち
の絵や手作りカードを飾っている。仲よく座っているの
は、子どもの誕生時と同じ身長＆体重のメモリアルベア。
下／冬でも裸足で過ごせる暖かな室内。「子どもたちは
少し前までタンクトップ姿でした(笑)」と奈津さん。オー
ク材の床の足ざわりも心地よい。

どんなホテルもかなわない
快適空間で暮らす幸せ

春の訪れはまだ遠い、東京の2月。坂本さん一家の新居は、ひと足早く季節が巡ったような温もりに包まれている。「冷え性で、家のなかでもタイツと靴下の重ねばきが必須だったのですが、家じゅう暖かくて助かっています」と妻の奈津さんがほほ笑む。

東京出身の夫の裕太郎さんと京都出身の奈津さんは、裕太郎さんの転勤先の大阪で出会い、2016年に結婚した。転勤で再び東京へ戻ることになったのを機に、裕太郎さんの実家の敷地内にマイホームを建てるべく、まずは近くのアパートで東京での暮らしをスタート。住宅メーカーに資料請求したり、住宅関連のYouTube動画を視聴したりしているうちに、「長もちする家がほしいと思うようになったんです」と裕太郎さん。

「そこからたどり着いたのが、建材が腐らない家、結露が起こらない家という理想でした。高気密・高断熱をうたう住宅メーカーを検討するようになり、モデルハウスを使って実験を繰り返していたり、過去に手がけた家の不具合についても包み隠さず説明していたウェルネストホームに信頼感を抱いたんです」

家づくりを同社に依頼することは、裕太郎さんの"独断"だったそうで、「口を出さないから、好きなように建てて」と言われていた奈津さんは「あれあれ〜?という感じでしたが（笑）、私自身は苦手な性能面をしっかり確認してくれたので、ありがたかったです」と話す。

住まいのプランについては、夫婦で希望をすり合わせて箇条書きのメモにまとめていった。ベースになったのは、「1階で完結する"家事ラク"な家」。

年齢を重ねても快適に暮らせて、日々の家事の負担も減らせるように、LDKのほか水回りや大型収納を1階に集約し、上下移動が最小限ですむ間取りをリクエストした。当初パントリーは土間仕上げにする提案があったが、土や砂が入ると掃除の負担が増えるため、フローリングに変更。カーテンは洗濯が、ブラインドは掃除がたいへんと、窓まわりにはプリーツスクリーンを採用した。扱いやすいステンレス製のキッチンや、大容量の「ミーレ」の食洗機を選んだのも、もちろん"家事ラク"のためだ。

2022年、この家で迎える初めての冬。「入居当初はエアコンの設定に手間どったのですが、操作の感覚がつかめてからは快適に過ごせています。家の性能が高い分、こちらも学習しないと宝の持ち腐れになってしまいますね」

思わずコートの襟を立てる極寒の日も、玄関ドアを開ければ暖かな空気に包まれ、子どもたちは薄着で走り回っている。

「旅行や出張でどんなによいホテルに泊まっても、心地いいのはやっぱりわが家」

その思いはこの先も変わらない。

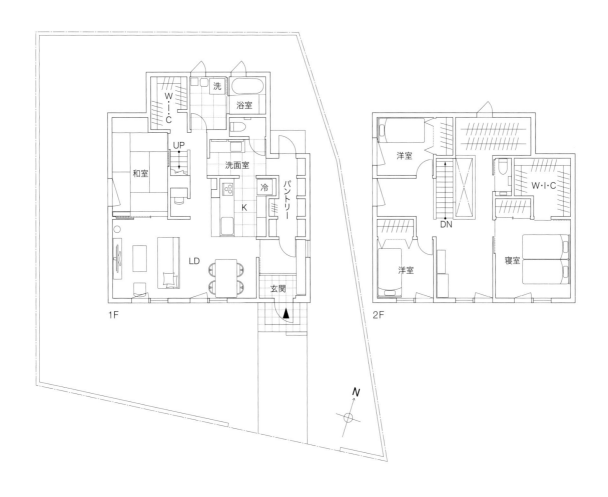

1F

2F

FROM THE ARCHITECT
建築設計者・瓜生一光

「玄関からもキッチンからもアクセスできるパントリー」の要望があり、それが坂本邸の個性になりました。階段と吹き抜けを住まいの中央に設けて、キッチンを近くにプラン。LDを見渡せると同時に、キッチンから2階の様子もうかがい知ることができます。また、各スペースに温度差が生じにくいよう、開け放しておける引き戸を多用しました。

DATA

家族構成	夫婦+子ども2人
敷地面積	243.18㎡（73.56坪）
建築面積	81.44㎡（24.64坪）
延べ床面積	149.90㎡（45.36坪）
	1F 81.16㎡＋2F 68.74㎡
建ぺい/容積率	60/200%
構造・工法	木造2階建て（在来工法）
設計・施工	ウェルネストホーム / アールデザイン

Chapter

6

THE FUTURE OF
WELLNEST HOME
ウェルネストホームの未来

House building & Town planning
家づくりと街づくり

戸建て住宅の高性能を生かした
集合住宅や街づくりへの展開、
ウェルネストホームの未来について。

戸建て開発で培ったノウハウを生かし、
より環境に配慮した集合住宅を展開

省エネで住み心地がよく、長もちする
街のインフラとなる集合住宅を

　私（ウェルネストホーム創業者・早田宏徳）が、2007年に初めてドイツのフライブルク旧市街を訪れた際に驚いたのは、街並みをつくる多くの建物が集合住宅で、しかも、大半が高気密・高断熱の省エネ仕様で建てられていたことです。

　見学させてもらった集合住宅では、1世帯（4人暮らし・床面積100㎡）あたりの年間光熱費が、当時で1万3000円！　耐久性も高く、新築時よりも10年、15年たったあとの資産価値のほうがアップしている集合住宅も多く見かけました。

　日本の集合住宅はどうでしょう。利回りを優先するあまり安く建てることを重視し、住み手のことは二の次になっていないでしょうか。

　気密性や断熱性などの性能が低いため、光熱費が多くかかるだけでなく、湿気によるカビやダニの発生、居室ごとの温度差による健康への悪影響も及ぼしかねません。さらに、ローコストな建材で建てられている分、壁が薄く、隣の音が聞こえてストレスになったり、長もちしないために建て替えが必要になったりと、住民やオーナーだけでなく、地球にもやさしくない集合住宅になってしまいます。

　私は、ドイツで目にした省エネで住み心地がよく長もちする、街のインフラとなるような集合住宅をつくりたい。さらには、フライブルクのヴォーバン地区のような「持続可能な街」を日本でつくりたいという目標を定めてから10年以上たちましたが、現在、多くの仲間たちとともに実際に北海道のニセコで街づくりにとり組んでいます。

エアコン1台で5世帯の冷暖房を行う
省エネ賃貸住宅に挑戦！

　集合住宅のとり組みの第一歩が、2014年、四国・丸亀の地につくり上げた「TNPヴォーバン丸亀」です。こちらは1Kから3LDKまで5タイプ5世帯の住戸からなる集合住宅で、大きな特長は、5世帯分の冷暖房をオリジナルのワンシステムで行っている点です。地熱を利用するこのシステムでは、たとえば、夏には外気を吸い込み、地下2mの深さのところを10m移動させることで5℃ほど温度を下げ、熱交換型のセントラル空調システムでさらに冷やして各部屋に送ります。これにより、5世帯300㎡の冷暖房を20畳用のエアコン1台でまかなえます。

　このほか、太陽熱温水器で5世帯分の給湯もまかなっています。補助として、ガスでお湯と電気をつくるガスコージェネレーションシステム（※1）も設置しています。戸建て同様に実際の建物で、私はさまざまなシステムを実験し、それを次に生かすといった手法をとっています。

　この丸亀の挑戦も、その後の集合住宅展開の力になりました。

※1 ガスコージェネレーションシステム

都市ガスを燃料として電気を使用する場所で発電し、そのときに生じる熱を給湯や暖房、蒸気、冷房などに利用する、エネルギー効率の高いシステム。

住まい手が快適で健康的に暮らせる、
ウェルネストホーム仕様の集合住宅を
全国に広めていきたい

2014年に香川県丸亀市に集合住宅第1号として誕生した「TNPヴォーバン丸亀」。地面から出る銀色の管（建物中央の駐車場出入り口の右側）が、地熱を利用するための吸気口。

熱効率や土地効率を考えた
集合住宅を主体とする「街づくり」を

光熱費を抑え、土地も有効活用できるメリットが大きい集合住宅

ドイツのフライブルク旧市街のように、街づくりを考えるとき、戸建て住宅よりも集合住宅を選択するほうが効率がいい理由は、「エネルギーと土地のムダ」を防げるからです。

エネルギーをムダにするとは、毎月の光熱費が多くかかるということです。4章で「建物は必要以上に大きくつくりすぎないこと」が、設計の基本だとお伝えしました（p.114参照）。建物が大きく外壁の表面積（外皮ともいう）が大きいほど、室内の温度や湿度は外気の影響を受けやすくなるからです。

戸建て住宅は、屋根と四方の外壁のまわりすべてが外気にさらされていますが、たとえば、3戸が連なった集合住宅の場合、住戸と住戸の間を区切る壁（界壁）は外気にさらされません。同じ床面積の戸建て住宅を3棟建てるよりも、外壁の表面積は少なくてすみ、エネルギーのムダも抑えられるのです。

また、戸建て住宅の場合、隣との境界から一定のスペースを空けて建物を建てる必要があるため、その分の土地がムダとなってしまいます。土地をムダにするということは、住み手からすれば、居住スペースがせまくなるということになります。

このように「エネルギーと土地を効率よく使う」という意味で、集合住宅を建てるほうがよく、住み手から見てもメリットが大きいのです。

住戸ごとに建て替えができ、遮音性にもすぐれる集合住宅「ラインハウス」

集合住宅のほうが、メリットが大きいといわれても、やはり気になるのは、お隣から聞こえてくる声や生活音などの音漏れではないでしょうか。そんな隣家からの音の問題をクリアした連棟型の集合住宅「ラインハウス」（※1）を、ウェルネストホームでは名古屋市緑区で建築しました（右ページ参照）。

ラインハウスとは、複数の住宅がつながって建っている、ヨーロッパではスタンダードな集合住宅です。それぞれの住宅が独立した構造躯体となっており、住宅ごとに建て替えができるつくりでありながら、隣家との間の土地のムダを省き、土地を有効活用できることで、それぞれの住宅の床面積を広く確保。個別に戸建て住宅を建てるよりも、建築費も安く抑えられます。名古屋市緑区のこちらのラインハウスでは、土地や外構工事のムダをなくすことで、周辺相場よりも1000万円ほど、物件価格を抑えることができました。

「音」の問題については、ウェルネストホームでは住宅と住宅との間にある「界壁」に、戸建て同様セルロースファイバーとロックウールの「ダブル断熱」（p.105参照）構造を採用。計205mmの断熱材が入っているので、遮音性にもすぐれています。実際に、名古屋市緑区のラインハウスで、大音量でピアノを弾いているレベルの音（約90dB）を流した

※1 ラインハウス

複数の住宅がつながって建つ、連棟住宅。各住戸が独立した構造となっており、建て替えが可能。土地のムダを省き、戸建てよりも建築費を削減できる。

際、隣の家で、聞こえるかどうかの実験をしました。結果、50dB以上削減して音漏れはゼロでした。

　このように、ウェルネストホームの遮音性があるからこそ、建物どうしがつながったラインハウスでも、快適に暮らせる空間を実現できるのです。

マイナス15℃の北海道ニセコ町でも、快適さを保つ性能であることを実証

　集合住宅のメリットはおわかりいただけたと思いますが、それが果たして日本全国どこの地域でも通用するかどうかが気になるかと思います。

　極寒の地である北海道のニセコ町に2020年12月に完成した2階建て全8戸の集合住宅では、共用部の廊下に6畳用のエアコンを1階、2階それぞれに2台設置しています。そこで暖めた空気を、換気システムで各部屋に循環させることで、建物全体を常に19〜22℃に保つことに成功しています。各部屋にはエアコンを設置する必要がなく、補助として500Wの小さな暖房器具があるだけです。

　ニセコといえば、パウダースノーが有名で、スキーリゾートとしてにぎわうくらい降雪量が多い地域です。その極寒の地域で、性能が通用することが実証され、集合住宅へのとり組みが加速しました。

ラインハウスの事例
戸建住宅を3棟つなげたつくりでありながら、隣の家の音がまったくしないのが特徴。一般的な建売住宅とは異なり、ムダなスペースをなくしたことで、周辺相場より1000万円ほど物件価格を抑えることができた。

賃貸住宅の事例
各階の共用廊下に、それぞれ2台のエアコンを設置。そのエアコンで暖めた空気を、各住戸へ循環させている。その結果、外気温マイナス15℃の地で、19〜22℃の自然室温をキープすることに成功した。

高性能賃貸住宅「WELLNEST ROOM」を さらに全国各地に展開していきたい

　2023年に千葉県浦安市に完成したのが、「ソーラーレジデンス今川」です。木造2階建ての1LDK・6戸からなる賃貸住宅は、賃料に光熱費が含まれており、電気代は「月260kWh」までは無料。こうしたとり組みが可能なのは、屋根に20kW強の太陽光パネルと、共用部に15kWhの蓄電池を2つ備え、6世帯が使う電気の80～90％を再生可能エネルギーの太陽光発電でまかなえるからです。

　各住戸はオール電化で、エコキュート1台を完備しています。40㎡ほどの室内の冷暖房は、6畳用のエアコン1台でまかなっています。これがかなうのも、気密性・断熱性の高さや、換気をしても熱を逃さない換気システムがあるからです。

　もう1つ特筆すべきは、太陽光発電と蓄電池、空調や換気を自動的に制御して、光熱費を抑えつつ24時間にわたり住戸全体を快適な温度・湿度に保つ自動制御システムが導入されている点です。CO2排出量は、一般的な住宅の20分の1程度。外出から帰ってきた瞬間から室内が暖かい（涼しい）のは、とても快適です。このシステムについては、のちほどくわしく紹介します（p.172参照）。

　ウェルネストホームがプロデュースする高性能な賃貸住宅を新たに「ウェルネストルーム」と総称し、これから全国各地にブランド展開していきます。

ロゴデザインはウェルネストホームのシンボルに「複数のドア」のモチーフを融合。1つの建物に複数の住戸があることを可視化している。

　世界的に温室効果ガスの削減や脱炭素化が叫ばれ、一定規模以上の企業は自らのCO2排出量の報告が義務づけられるなかで、いよいよ住宅の性能に関しても、もっと注目される時代が来ることでしょう。2050年のカーボンニュートラル（※1）に向けて、日本は2030年の温暖化対策目標として、「2013年度比46％削減、そして50％削減の高みをめざす」と表明しています。もう残されている時間はわずかです。これから建つ建物は、すべて温暖化対策に配慮されたものでないといけません。

　私は賃貸住宅のもつ利便性を生かしながら、そこに耐久性や省エネ性、快適性、遮音性を加えて、安心して健康的に暮らせる住空間をより多くのかたへお届けしていきたいと考えています。

　「ウェルネストルーム」は現在、埼玉県吉川市、千葉県浦安市、東京都練馬区と日野市、愛知県名古屋市、京都府京都市、北海道ニセコ町など10棟以上の建築が進行中です。多くのお問い合わせもいただいているので、着実にこの賃貸住宅を広めていけるようますます尽力していきます。

※1 カーボンニュートラル

二酸化炭素など温室効果ガスの排出量と吸収量を均衡させ、その排出量を「実質ゼロ」に抑えるという概念。

断熱等級7水準。一年じゅう室温25℃前後、湿度50％をキープ。カビやダニの心配のない健康な暮らし。そして、暑さ寒さにストレスを感じない、静かで快適な暮らし。これらを賃貸で実現したのがウェルネストルーム。

WELLNEST ROOMの事例（愛知県・名駅南）

「持続可能な街づくり」という夢が、
北海道・ニセコの地で動きだす！

100年長もちする住宅づくりから、サステナブルな街づくりへ

　2007年に初めてドイツのフライブルク旧市街を訪れて以来、私はこれまで何度もドイツに足を運んできました。フライブルクでは旧市街だけでなく農村部まで集合住宅が立ち並び、街路樹や周囲の自然と調和しながら街を形成していました。ほとんどの集合住宅が高気密・高断熱でつくられ、年じゅう快適で光熱費も抑えられた経済的な暮らしが営まれていました。集合住宅のなかでも賃貸に暮らしている人が多いのは、100年以上長もちする優良な賃貸住宅が多く、わざわざ自分で家を建てる必要がないからです。家族が多いときは広く、家族が少なくなったらせまい家に引っ越し、柔軟な暮らしを実現していました。

　フライブルクで見たこのような「持続可能な街を日本でつくる」という私の長年の夢が、ついに、北海道・ニセコの地で実現に向けて動きだしています。

　ニセコ町との出会いは、私をドイツに誘ってくれた環境ジャーナリストの村上敦さんと立ち上げた、持続可能な街づくりの事例について学び合う組織「一般社団法人クラブヴォーバン」が、ニセコ町の「NISEKO生活・モデル地区構築事業構想策定業務」を受託したことがきっかけでした。

　当初は、SDGsの理念を踏まえた街づくりをめざす「ニセコミライ」のプロジェクトの"基本構想"を提案するのが仕事だったのですが、片山健也町長から「街づくりも、ぜひいっしょにやってほしい」とうれしい言葉をいただき、ニセコ町、地域事業者、クラブヴォーバンが出資する街づくり会社「株式会社ニセコまち」を設立したのです。

　私たちウェルネストホームとしても、新会社のニセコまちと2020年に包括連携協定を結び、高性能住宅の設計・施工のノウハウの提供など、さまざまなとり組みをしています。また、2023年からは出資者としても支援させていただくことになりました。

集合住宅だけの450人が暮らす街づくり。住民の生の声が背中を押してくれた

　「ニセコミライ」とは、ニセコ町の市街地近隣に広がる9haの敷地に、最大450人が暮らす持続可能な新しい街区を開発するプロジェクトです。

　ニセコ町は、地方自治体としては珍しく、子育て世代の移住者増加などにより、年々人口が増加。いっぽう、子どもたちが巣立った広い戸建て住宅に、高齢者がそのまま暮らしているという課題がありました。こうした住宅不足やミスマッチを解消し、さらには、ニセコ町が長年とり組んできた環境に配慮した街づくりを前進させるために、「ニセコミライ」のプロジェクトは誕生しました。

　プロジェクトの立ち上げに際し、2回行った住民アンケートでは、6割以上の住民が現在や将来、住

み替えを考えているという結果が出ました。その主な理由は、「今の家は寒いから」「寒さをしのぐために多額の光熱費がかかるから」「雪の処理がたいへんだから」といったものでした。

「ニセコミライ」の最大450人が暮らす建物は、すべて分譲や賃貸などの集合住宅で建てられます。なぜなら、先ほどお話ししたように（p.164参照）、戸建て住宅にくらべて集合住宅のほうが外壁や屋根といった外皮面積が小さくなる分、冷暖房効率がよくなるからです。土地もムダなく活用でき、除雪もまとめて行えます。多様な家族構成の世帯が暮らせるよう、住戸の広さや間取りはさまざまなタイプが設けられる予定です。

ニセコの先進的な街づくりを
過疎化・高齢化に苦しむ全国の自治体へ

建物は分譲、賃貸住宅を問わず、ウェルネストウォールやウェルネストウィンドウを採用し、高い気密性・断熱性を実現。UA値（p.104、183参照）は、0.20W/㎡K以下をめざします。外がマイナス15℃になる冬場も、8畳用などの小型エアコン1台で、家じゅうが暖かくなる家を提供。一般的な住宅と比較し、CO_2も合計80％削減します。

オール電化を採用し、設備は太陽光発電システムや蓄電池、エコキュート、ダクトレス換気システムなどの高効率なものを導入。空調や換気、給湯を

オリジナルのエネルギーマネジメントシステム（※1）で自動化することで、エネルギーのムダをなくします。1階と2階の床などの防音性能も、高いレベルを確保します。もちろん、耐久性も申し分なく、100年長もちする、街の財産となるような建物をつくり上げます。

それだけではありません。太陽光で発電した電気をためる蓄電池は、街区全体で保有。各棟に蓄電池を置くよりも街区でまとめて設置することで、初期費用を抑えられます。また、太陽光発電の電力を使って、街区内でEV車のモビリティーサービスも提供。居住者同士がシェアできる仕組みやデマンドタクシー（※2）の導入により、移動にかかるエネルギーの削減にもとり組みます。

2050年までに国土の3分の2の地域で人口が半分以下になる超過疎が予測されている日本。人口や税収が大幅に減少するなかで、行政サービスを維持するためには、公共機関や各家庭が毎月支払っている莫大な固定費＝「エネルギー支出」を、削減することが重要です。その点、公共施設や住宅の高気密・高断熱化による省エネや、太陽光発電などによる創エネにとり組む、ニセコ町の「持続可能な街づくり」は、ほかの地域にとっても大いに参考になるはずです。実際、ニセコ町には、多くの自治体が視察に訪れています。私たちは、未来の子どもたちのためにも、全国に「持続可能な街づくり」を広げていきたいと考えています。

※1 エネルギーマネジメントシステム

電気や熱などの利用状況を“見える化”したうえで、最適なエネルギー利用を自動で実現するためのシステム。エネルギーコストを削減することができる。

※2 デマンドタクシー

事前登録、予約した利用者を自宅や指定場所から目的地まで、途中乗り合う人を乗せながらそれぞれの目的地に送迎する、自治体が運営するタクシー。

COMPACT CITY
「ニセコミライ」

羊蹄山の麓に広がる9haの敷地で進行中の「持続可能
な街づくり」をめざすプロジェクト。ウェルネストホーム
では、街区設計や高性能住宅の設計・施工のノウハウ
を提供し、全面的に支援している。

最大450人が暮らす建物すべては、ウェルネストホーム仕様の高性能な集合住宅に。室内は年じゅう快適な温度・湿度に保たれ、光熱費も大幅に削減できる。一般的住宅と比較し、CO_2も80％削減。

再生エネルギー＋自動制御で、
エネルギーを自給する家をスタンダードに

自動でエネルギーのムダを抑えながら、年じゅう、快適な環境が実現できる

　ウェルネストホームでは5年ほど前から、次世代型のホームエネルギーマネジメントシステム（HEMS）の開発を進めてきました。鎌倉モデルハウスをはじめ、「千葉浦安」や「東京花小金井」「東京日野」「愛知安城きづく」などのモデルハウスに、この独自開発の次世代型HEMSを搭載して実証実験を重ね、ついに2023年秋から「Haiot System（ハイオ システム）」の名で販売をスタートしました。

　「Haiot System」では、リビングに設置（各部屋へのセンサー設置はオプションにて対応可）した温湿度センサーやCO$_2$センサーで室内環境を計測し、太陽光発電や蓄電池、エアコン、換気、給湯などの設備を自動でコントロール。常に最適な状態に制御することで、エネルギーのムダを防ぎます。

　このシステムにより、季節や時間、在宅や不在などの状況に応じてエアコンを操作するといったわずらわしさはいっさいなく、24時間365日、快適な住空間を保ちます。

高効率設備を自動でコントロールし、電力の自家消費率80〜90％を達成

　さらにポイントは、太陽光発電や蓄電池を導入し、空調や換気、給湯などを自動制御することで、「自家消費率」（※1）を、80〜90％まで上げることができる点です。太陽光発電のみを設置した場合では、一般的に自家消費率は20〜30％、太陽光発電＋蓄電池を導入した場合は40〜50％しか達成できません。自家消費できない分は、高い電気を電力会社から購入しなければなりません。ところが、太陽光発電＋蓄電池に、この「Halot System」をプラスすることで、自家消費率は最大90％まで高められます。

　こうして自家消費率を高めることで、事務所も兼ねる東京花小金井モデルハウス（約80坪）では、年間を通して80％以上を再生可能エネルギーでまかなっています。また、北海道のニセコ町の集合住宅では、「Haiot System」を導入前の年間電力量は8538kWhでしたが、導入後は5769kWhに下がり、電力消費量を約30％削減できました。

　私たちが開発した「Haiot System」のもう1つの特徴は、メーカーが異なる設備でも、しっかり自動制御できるところ。電力消費量や温湿度は、スマホやタブレットで常に確認できます。

　ウェルネストホームの気密性・断熱性の高い、エアコン1台で家全体を快適な温度・湿度に保てる高性能な家に、この「Haiot System」を組み合わせることで、太陽光発電の自家消費率がアップし、再生可能エネルギーによる電力の自給化にもつながります。電気料金が高騰するなか、電力会社から購入する電気が減り、電気代上昇の影響を受けにくくなるのもうれしいポイントです。

※1 自家消費率

家庭で使われる1年間の総電力のうち、太陽光発電でどの程度まかなえるかを示した値。蓄電池などを導入することで自家消費率は上げられる。

次世代型HEMS（自動制御）
「Haiot System（ハイオ システム）」

電気代高騰の時代に必須の次世代型HEMS

躯体性能を高めて消費エネルギーを抑えると、エネルギー利用の高度化が有効になります。そして、少ないエネルギー消費の住まいに再生可能エネルギーを活用することで、電力自給率は大幅に向上します。独自開発した次世代型HEMSは、発電量、蓄電量、温湿度などをリアルタイムに計測し、そのデータをもとに空調や換気などを自動的に制御して室内環境を最適に保ちます。
こうした環境制御を行うと、同時に各機器を使う時間帯や使用量をコントロールし、エネルギー消費のムダを抑えます。

次世代型HEMS

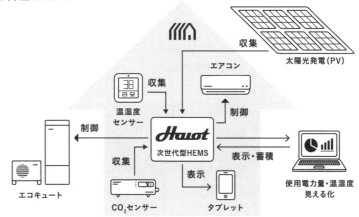

3つの特長

1
太陽光で発電した電気がより有効に利用でき、自家消費率が上がるため、電力会社から購入する電気が減り、電気代上昇の影響を受けにくくなる。

2
季節や時間帯、人の有無によらず自動的に環境制御を行うので、手間がかからず、かつエネルギー消費のムダを抑えることができる。

3
メーカーが異なる機器どうしでも、このシステムで統合的に制御することができる（一部適用できないメーカーがある）。

遮音性能にすぐれた住まいは
落ち着いて過ごせて趣味も存分に楽しめる

鍋島邸

防音室のある住まいを、愛知県内の利佳さんの実家の敷地に新築。LDKは日当たりのいい2階に配置し、水回りと機械室を中心に、ぐるっと回遊できる間取りに。

ストレスフリーで
思う存分、楽器演奏ができる家

　幼い頃にピアニストをめざしていた時期があり、その後、音楽教師になった私（ウェルネストホーム社長・芝山さゆり）は現在、家づくりを通して音楽を志す人たちを応援したいと思っています。

　私自身も「夜はピアノを弾いちゃダメだよ」と言われて育ったのでよくわかるのですが、仕事や趣味で楽器演奏をする人は、ご近所迷惑になるかもしれないからと、思う存分練習ができないことが多いのです。ご夫婦でアマチュアのオーケストラに所属されている鍋島さん夫妻も、そんな状況でした。

　「それまではアパート暮らしだったので、カラオケボックスに行ったりして練習時間を工面していたんです」と夫の雅彦さん。鍋島さん夫妻は、当社で1階に防音室のある住まいを新築されました。共働きのため、平日は帰宅後の夜が貴重な練習時間です。

　「まだ実家にいた頃に、ご近所から苦情が来てしまったことがあって。今は周囲に気兼ねなく練習できるのがうれしいですね。日付をまたいでしまうこともあるんですよ」と妻の利佳さん。

　音楽に携わる人たちにとって一番大事なのは「音が外に漏れない」こと。遮音性の高いウェルネストホームの家はそのストレスがなく、時間を気にせず演奏できます。快適な室内環境は、楽器のコンディションに適していることもメリットのひとつです。

1階中央に防音室を配置

1階も回遊プランを採用し、階段近くに防音室を2部屋並べてプラン。部屋の壁と外壁の二重構造になり、より遮音性が高まる。出入り口には防音扉を設置している

早朝も夜中も
好きな時間に練習できる

雅彦さんはフルート、利佳さんはバイオリンの奏者。防音室は2部屋設けたので、限られた時間でも同時に練習することができる。音の反響防止のため、天井に吸音材、壁にカーテンを設置。

芝山さゆり
「ウェルネストホーム」社長

生活と常に密接している音。
「遮音性」がもたらす安心な暮らし

　音楽とは、ときに言葉以上に心に響くものです。私が音楽教師をしていたときも、音を用いることで、ふだんコミュニケーションが苦手な子どもが明るい表情になったり、積極的に体を動かしたり、個々がすばらしい自己表現を見せてくれました。

　「楽器を演奏されるかたは、ぜひ、ご自身の楽器を持って当社のモデルハウスで実際に奏でて、本当に音が外に漏れないかお確かめください」——。

　ドイツを訪問して現地の住宅を体感したとき、そしてその後、ウェルネストホームのモデルハウスで実際に音を出して実験したときの静かさの感動は、とてつもなく大きなものでした。

　「これなら時間を気にせず、ピアノが弾ける！」

　子どもの頃にこんな遮音性の家があったなら、私もピアノの練習にしばられず、友だちともっと遊べたのにと思いました。

　音を騒がしい「騒音」ではなく、心を爽やかにする「爽音」や、創造力を育む「創音」に変えられるのは、「遮音性の高さ」があってこそなのです。

　未経験ながらも住宅業界へ挑戦しようと決めた理由のひとつが、まさにこの「静かな住空間」です。静かということは、外からの騒音に悩まされずに暮らせること。そして、室内で発生する音が外へ漏れることの心配をしないですむということです。音楽

を奏でるには最高の環境といえます。

　外からの騒音は、建てた場所の周辺の環境が大きく影響します。交通量の多い道路や線路、工場の近くであるかどうかは、ある程度調べられますが、事前に知ることができないのが、お隣の家の生活音。

　テレビや掃除機の音、大きな声など、気になり始めると不快に感じる音はさまざまです。これから長く住み続けることを考えて、指摘することでご近所づきあいがめんどうになるのを避けるために、がまんしてしまうかたも多いのではないでしょうか。

　いっぽう、室内で発生する音の漏れについては、お隣のことを気にして、静かにしなくては……という意識が自然と働いてしまうことになります。大きな声を出さない、騒がない、駆けずり回らない、テレビを観るときや音楽を聴くときは音量を小さくするなど、「静かにしなさい！」と声をあげてしまった経験はだれもがおもちだと思います。

　音が原因となるトラブルは、そこに住み続けるお互いの習慣や意識は簡単には変えることのできないため、なかなか解消することがむずかしい問題です。

　そのため、見逃してはいけない家づくりの重要なポイントとして、「遮音性能にすぐれていること」を強くお伝えしたいと思います。

ご近所に気兼ねなく
子どももペットものびのびと

　私が太鼓判を押すウェルネストホームの「遮音性の高さ」は、もちろん楽器の演奏時だけではなく、日常の暮らしでも快適さを感じていただけます。

　たとえば、先ほどお話しした道路や線路から聞こえるトラックや電車の音、バイクや飛行機の音に悩まされることもありません。

　また、子どもたちが好きな曲を歌ったり、アクションヒーローさながらに家じゅうを駆け回ったり、楽器を奏でたり、ダンスをしたり、そういうときも声を荒らげて注意する必要はありません。本来子どもは、元気いっぱいはしゃぎたいもの。あり余るエネルギーを発散できずに閉じ込めてしまっては、子どもだってストレスを抱えてしまいます。

　「静かにしなさい！」ではなく、「元気だね」「上手だね」と、子どもにやさしく声をかけられる「遮音性のある暮らし」は本当にすばらしいものです。

　赤ちゃんの夜泣きや愛犬のムダ吠えなども、時間帯によってはご近所から苦情がこないかとヒヤヒヤしてしまいますよね。「遮音性が高い住まい」であれば、その心配をすることなく、赤ちゃんや愛犬に愛情をたっぷり注ぎながら向き合えます。

　映画、音楽、ゲームが趣味という人は、思う存分、自分だけの世界にひたることもできます。

　そして、遮音性の高さをさらに実感できるのは、夜です。夜間は特に、外から聞こえる車の音や人の話し声、雨風の音などが気になるものです。試住体験をしたお客さまからも、「静かで、よく寝られました」「1度も目を覚まさず、快眠できました」という感想が、とても多く寄せられています。遮音性の高さが睡眠の質も上げてくれるのです。

静かな暮らしに価値がある
長く暮らすからこそ重視するポイント

　87ページでもお話ししましたが、ドイツでは、不動産屋さんの物件情報に、家の燃費（省エネ性）とともに、「室内がどれだけ静かであるか」がきちんとデシベルで表記されています。ドイツでは「住んでからの快適さ」が重要視されていて、安いから、駅から近いから、新しいからといった日本で重視しがちなポイントとは真逆の点に価値があるという考え方があたりまえとして浸透しています。

　屋外の音を100分の1以下まで減少させる、遮音性の高いウェルネストホームの家は、セルロースファイバーとロックウールの断熱材が入った厚くて重い壁とトリプルガラス＋樹脂サッシで、音のトラブルから家族をずっと守ります。

　興味のあるかたはぜひ、お近くのモデルハウスにお越しください。「静かな環境の快適さ」と「遮音性の高い暮らしの穏やかさ」が、家づくりの大きな選択肢のひとつにきっとなると思います。

快適な家がお母さんを明るく元気にし、
家族みんなが幸せに暮らせる

いつも一生懸命なお母さんに
「ラク」になる家を届けたい

　2人の娘の子育てを経験するなかで、私自身、仕事と家事を両立する苦労をたくさん味わってきました。もちろん、家事は家族みんなで協力し合ってという時代の流れはありますが、私は、お母さんとは家族にとっての太陽であり、たとえ育児や家事で疲れていたとしても家族にやさしく笑顔を振りまき続けている、大きな存在だと思っています。

　だからこそ、私の頭のなかにはいつも、「子育てをしている日本じゅうのお母さんを応援したい！」「お母さんの負担を少しでもやわらげたい！」という強い思いをもっています。

　私は、これらの思いを家づくりにどのようにとり込み、どう発信していくのが一番お母さんに伝わりやすいかを常に考えていました。そして、出したひとつの答えが、「家事の負担をラクにする」という発想でした。

洗濯、掃除、料理など
家事の負担を「ラク」にする家

　この家事の負担を「ラク」にするということを、わかりやすい例を3つあげて説明します。

　まず1つめが「洗濯がラク」ということ。四季のある日本では、梅雨どきや真冬など、どうしても洗濯物が乾きにくい時期があります。一年じゅう温度と湿度が一定で、快適な当社の家は、季節や天気に関係なく、室内に洗濯物を干せば、翌日には乾いてしまいます。梅雨どきに気になる、カビや雑菌などが原因の室内干しのイヤな臭いの発生ももちろんありません。

　室内干し用のハンガーパイプを洗濯機の近くに設置すれば、干す作業もササッと完了。2階のベランダや庭まで重い洗濯物を運ぶことも、外に出てとり込むことも不要です。小さなお子さんのいる家庭では、常に子どもの様子を見守りながら、洗濯の作業ができるのも安心ですよね。

　2つめは、「掃除がラク」ということです。照明器具の笠やテレビの裏側、コンセントまわりなど、知らないうちにホコリがたまってしまうことがあります。ホコリには、ダニの死骸やフンが多く含まれています。ウェルネストホームは結露を発生させない住まいのため、窓拭きが不要で、ダニの食料となるカビが生えません。

　試住をされたお客さまから、「さぁ、寝ようと布団をかけたとき、キラキラ舞うホコリが少なくて驚いた」という声もいただきました。

　カビが生えにくいということは、浴室や洗面室などの水回りの掃除もラクということ。カビとり剤などを頻繁に使う必要はありません。

　さらに、一年じゅう肌がけ1枚で寝られるので、羽毛布団なども不要。季節によって布団を出し入れ

する、クリーニングに出す、カバー類を洗うなどの手間が必要なくなります。また、「夜中に子どもが布団を蹴っていないか確認する必要がないので、私自身もゆっくり寝ることができました」という子育て中のお母さんからの試住の感想もありました。

3つめは、「台所仕事がラク」ということです。朝早く起きて家族の朝食をつくったり、子どものお弁当をつくったりするときにつらい季節が真冬です。寒さに凍えながら起床し、暖房器具のスイッチを入れて暖をとり、やっとキッチンに立っても、床冷えが厳しくて足が痛い……。

寒さに弱い女性にとって、冬の底冷えは、大きなストレス。分厚い靴下をはいて、起毛つきのスリッパをはいて、床にはマットを敷いてなど、冷え対策をされているかたも多いのではないでしょうか。

断熱をしっかりと施されているウェルネストホームの住まいであれば、靴下もルームシューズもマットも不要です。真冬でも、素足でキッチンに立つことができます。もちろん、床暖房もいっさい必要ありません。

暖かい家は幸せを感じられる。
お母さんは家族の太陽

WHO（世界保健機関）は、健康のために冬季の室内温度を18℃以上に保つことを強く勧告しています。「暖かい」という室内環境は家族の健康に欠かせないもので、男性とくらべて体温が低い女性は、特にそれがあてはまるとされています。

暖かい家は、お母さんが笑顔になる家。お母さんにとって、家事や子育ての負担を減らしてくれる家です。暖かいところには毎日帰ってきたくなって、ずっとそこで過ごしたいと思いますよね。お母さん自身も毎日を快適に暮らせて、子どもも自分たちの暮らす家をそんなふうに思ってくれたら、それはとても幸せなことではないでしょうか。

このように家事のさまざまな「ラク」ができる住まいなら、お母さんの自由な時間が増え、いつも以上に笑顔でいられるのではないかなと思います。

お母さんは家族にとって太陽です。そして、ひとりの女性です。この自由な時間に、ふだんできなかったことにチャレンジしたり、新しい趣味を見つけたり、美容に時間をかけてみたり。文字どおり自由な時間ですから、その使い方は自分で決められます。毎日がんばっているお母さんですから、たまには「○○ちゃんのお母さん」ではない「ひとりの女性」として、自由気ままに思い思いの時間を過ごしたっていいですよね。

そんなふうに自由な時間で、いつも以上にリラックスできたら、明るいお母さんのやさしさに磨きがかかり、よりいっそう家族を明るく照らすことができるに違いありません。そして、お母さんの愛情に満ちた住まいで、快適な暮らしとともに、家族との思い出がずっと紡がれていくことでしょう。

これからの人生、
心と体とお財布の健康が大切

　人生100年時代。以前にも増して長くなった人生を幸せに過ごすには、「健康」が大切なキーワードになりますが、人生100年時代に必要な健康とはどういうものでしょう。私は社員にもよく話すのですが、「心と体とお財布の健康」が大切だと考えます。

　心の健康とは、負の感情をため込まず、穏やかな気持ちで毎日を過ごせること。お母さんがイライラせずに家族をやさしく見守ることも、心が健康でなければできません。毎日ぐっすり寝られることも、心の健康とつながっているかもしれませんね。

　体の健康は、みなさんもおわかりのとおり、できるだけ病気やケガを防いで、高齢になってもアクティブに動ける体であることです。花粉やハウスダスト、アレルギーの心配もなく過ごせることも大事になりますし、廊下と部屋や、浴室と脱衣室の温度差によって血圧が急に変動して起こる、ヒートショックを防ぐことも大事です。

　最後のお財布の健康とは、ごくふつうの生活が送れること。衣食住に困ることなく、趣味やレジャーも十分楽しみながら、過度にお金の心配をしなくていい暮らしが送れることだと思います。

　人が生きていくうえで、お金はどうしても必要です。これからどんどん光熱費が上がっていって、今後、家計を圧迫する日がくるかもしれません。ウェルネストホームの家は、もちろん建てるときのイニシャルコストが必要ですが、建てたあとの光熱費の少なさは、これまでお話ししてきたとおり。

　100年長もちする家は、子どもや孫が受け継いでいけるので、子どもたちは住宅ローンにしばられることもなく、高額なリフォーム費用を捻出する必要もありません。さらに、安価な光熱費はそのまま受け継いでいけます。無理に光熱費を節約しようとすると、暑い、寒いをがまんすることになり、心と体は不健康になってしまいます。心と体とお財布の健康は、三位一体といえるのです。

みんなの笑顔のために
100年、住み継ぐ家を

　心と体とお財布の健康あってこその人生100年時代。私はその3つの健康を、住まいづくりを通してみなさんに提供し続けたいと願っています。そして、保育園や高齢者施設などにもウェルネストホームの輪を広げていけたら、という夢ももっています。

　夏涼しくて冬暖かい生活は、家族みんなを笑顔にします。笑顔は会話を生み、会話は思い出を育み、その思い出は家族のなかに受け継がれていきます。

　子や孫の世代まで含めた長い人生を、その思い出とともに過ごせる「100年、住み継ぐ住まい」を、私はこれからもたくさんのかたへ届けていきたいと思います。

おわりに

2017年に私が社長就任した際、
変えたいと強く決意したことがあります。
それは、住宅業界につきまとう
「キツい、汚い、危険」というネガティブな3Kを
「快適、健康、貢献」というポジティブな3Kに
していきたいということです。

「快適」と「健康」は影響し合う要素です。
家のなかが「快適」であれば、
暑い、寒いのがまんがないから、
家族にいつでも笑顔を見せられます。
真冬に素足で朝食の準備をすることだってできてしまいます。
騒音にじゃまされることがないから、睡眠の質も高まります。
心地いい暮らしはストレスがなく、
「心と身体の健康」が保てます。

さらに、快適を維持する省エネな暮らしは、
光熱費を大幅に削減できることから「財布の健康」ともいえます。

100年、住み継ぐ家をつくることで
森林資源や地球環境を守ることに少しでも「貢献」し、
高性能な集合住宅や公共施設を通して
地域の街づくりにも「貢献」していきたいと考えています。

家づくりは巣づくり——。

お母さんが幸せに感じられる家づくりを
これからも追求していきたいと思います。

芝山さゆり

COMPANY HISTORY

ウェルネストホームの沿革

1997

山梨、長野で高気密・高断熱住宅を建築

この頃から山梨、長野で高気密・高断熱住宅を建築し、省エネ性能の重要性について発信を開始。

京都議定書採択

日本は2008〜2012年の5年間に、1990年比で6％の温室効果ガスの排出量削減を義務づけられた。

2007

ドイツ・フライブルク市ヴォーバン地区を訪問

ドイツに高気密・高断熱を学ぶ。理想の設計手法や材料に出会い、初代低燃費住宅の仕様が完成。また、多くの日本企業をドイツ視察へと案内した。

「株式会社WELLNEST」を設立

人材育成を行う（旧・株式会社インパクト）。

2008

「マングローブクリエーション株式会社」を設立

サステナブルな社会の実現に向けたコンサルティングや企画を行う。

2009

「一般社団法人クラブヴォーバン」を設立

脱炭素社会に対応した"持続可能なまちづくり"をめざす人々が学び合う「場」として設立。

2010

「エネルギーパス」「低燃費住宅」を商標登録

翌年の「一般社団法人日本エネルギーパス協会」の設立に向け、商標登録が完了。

2011

東日本大震災

命を守る家

いわき市に建築中の住宅、液状化が発生した浦安市に建てた6棟の分譲住宅、いずれもクラックひとつ入らず無事だった。この「命を守る家」を日本に広めていく思いを強めた。

「一般社団法人日本エネルギーパス協会」を設立

省エネ住宅の普及・推進を目的に設立。2008年よりEU全土で義務化されている、家の燃費を表示する証明書である「エネルギーパス」を日本に輸入。セミナー開催や国土交通大臣への働きかけを行い、現在のUA計算値の礎を築く。

2012

ウェルネストホームの前身「株式会社低燃費住宅」を設立

理想の家づくりをめざし、工務店を設立。モデルハウスも実績もパンフレットもないなかで、初年度に40棟を契約した。

香川県高松市伏石に第1号モデルハウス完成

「株式会社日本エネルギー機関（JENA）」を設立

持続可能な社会の実現に向けて、環境先進国ドイツのノウハウや技術を日本に紹介するために設立。

2013

省エネルギー基準にUA値採用

断熱性基準の指標が床面積あたりの熱損失量であるQ値から、外皮表面積あたりの熱損失量であるUA値に変更となる。

「プラスエナジーハウス」が完成

日独国交省連携プロジェクトとして、香川県高松市に誕生。UA値は0.12W/㎡K。欧州最大の建築メッセ「BAU2019」に海外の事例として唯一とり上げられた。

「株式会社低燃費住宅ネットワーク」を設立

2014

賃貸「TNPヴォーバン丸亀」が完成

5戸1棟の集合住宅。UA値0.20W/㎡K、エアコン1台で300㎡の温度調節をまかなう。国土交通省に省CO₂先導的モデル事業として認定される。

2015

パリ協定採択

愛知県に「愛知長久手モデルハウス」が完成
温冷水パネルヒーター、ダクト換気システム、地中熱ヒートポンプ導入を検証。

2016

大阪府に「和泉府中モデルハウス」が完成
株式会社コシイプレザービングとの共同事業。躯体すべてに同社「緑の柱」を使用。デザインはドイツのDI社との協業。

宮城県に「宮城仙台モデルハウス」が完成
東北初のモデルハウス。気温の低いエリアでも快適環境を保つ性能が通用することを実証。

2017

「株式会社WELLNEST HOME」へ社名変更
「WELL」「WELLNESS」「NEST」。健康で、快適で、上質な巣づくりをお手伝いしたい、との願いを社名に。

旭化成ホームズ株式会社と資本業務提携

2018

静岡県に「浜松モデルハウス」が完成
外壁のロックウールの上にレンガタイルを導入し、検証した。

2019

石川県に「金沢モデルハウス」、大阪府に「大阪千里山モデルハウス」が完成
耐震等級3の3階建て。エアコンダクト空調システムの導入を検証した。大阪千里山モデルハウスは防音ドア設置、ドイツのヘリオス社の換気システム導入を開始。

神奈川県に「鎌倉モデルハウス」が完成
3階建て。エアコンダクト空調システムが完成する。日射取得自動化システムの導入、冬の無暖房を実現した。

2020

「ウェルネストエンジニアリング」を設立
腕利きの職人集団のネットワーク・質の高い職人さんを育み続けていくために発足。

株式会社ニセコまちと包括連携協定締結
官民連携で持続可能なまちづくりを行う株式会社ニセコまちと、理想の街づくりの実現に寄与することで合意。

2021

「よはくの家」が完成
高気密・高断熱は当然のこと、かたち、配置、設計に使いやすさを追求。快適な住空間にこだわった住宅。

2022

「きづく家」「えがく家」が完成
躯体性能は従来のまま、変更できる部位を選択できる「きづく家」。自由につくることができる「えがく家」。

東京都に「東京花小金井モデルハウス」が完成
「えがく家」のモデルハウスが、東京都小平市に。グッドデザイン賞2023を受賞。

2023

「東京日野モデルハウス」が完成
暮らしのイメージができる30坪タイプのモデルハウス。

愛知県に「愛知安城きづくモデルハウス」が完成
2階の回遊型の間取りが特長。

兵庫県に「兵庫西宮モデルハウス」が完成
広がりを最大限感じられる2階リビングが特長。

愛知県に「ウェルネストルーム名駅南」が完成
高性能賃貸住宅が名古屋駅徒歩圏内に。

EGAKU IE
えがく家

平均UA値	0.25 W/㎡K
平均C値	0.2 ㎠/㎡
耐震等級	3（標準仕様）

世界基準の性能と美意識を追求した
暮らしの理想を描く家

「住まう人」「つくる人」「設計する人」がひとつに
なって思い描く家をつくります。機能と性能に美意
識を組み合わせて、自分らしい暮らしのかたちを追
求。家の形も家具も素材も自由な視点で考え、卓越
した技術で住みたい姿を実現します。住み手にふさ
わしい理想を描く家。

UA値（外皮平均熱貫流率）

建物の断熱性能を表し、住宅の内部から外部へ逃げる熱量を建物の外皮全体で平均した値。値が小さいほど熱が逃げにくいことを意味し、東京、名古屋、大阪地域のZEH（ゼッチ）住宅の場合、UA値0.6W/㎡K以下が基準。

C値（相当隙間面積）

建物の気密性能（隙間面積）を表す。値が小さくほどすぐれていることを意味し、一般的な住宅だと8〜10㎠/㎡前後。1999年当時の国の推奨基準は、寒冷地で2㎠/㎡、温暖地で5㎠/㎡以下。

耐震等級3

建物がどの程度の地震に耐えられるかを表す。一般的な住宅では、耐震等級1（阪神・淡路大震災相当の地震でも倒壊しない程度）が通常で、耐震等級3はその1.5倍の耐震性。

YOHAKU NO IE
よはくの家

平均UA値　0.25W/㎡K
平均C値　　0.2㎠/㎡
耐震等級　　3（標準仕様）

暮らしのかたちを考えた
余白をつくる、基本の家

デザインを規格化して、暮らしに合わせた間取りをつくります。高いレベルの気密性と断熱性を基本として家の形は矩形（※1）で、屋根は切妻（※2）。吹き抜けをつくらず、2階のリビングは家族の自然なコミュニケーションを生みます。暮らしに心地いい余白をつくる、基本の家。

※1 長方形の意。
※2 本を開いて伏せたような2つの斜面からできている屋根。

KIZUKU IE
きづく家

平均UA値　0.25W/㎡K
平均C値　　0.2㎠/㎡
耐震等級　　3（標準仕様）

住まい手の気づきにふれる
家族の暮らしを築く家

普遍的なデザインと建物本体の機能や性能はそのまま
まに、厳選された色やコーディネートから選択する、
よはくの家のセカンドライン。基準を定めることで、
洗練された使いやすさを生み出します。住まい手の
「最適」を大切にした、日々の暮らしを築く家。

TSUNAGU IE
つなぐ家

平均UA値　0.35W/㎡K
平均C値　　0.3c㎡/㎡
耐震等級　3（標準仕様）

ウェルネストエンジニアリング提供商品

人と地域に寄り添い
暮らしに合わせてつなぐ家

ウェルネストホームの建築技術や理念を習得した技術者集団「ウェルネストエンジニアリング」が提供する家。基本性能を保ちながら、地域の気候や風土に合った経済的な家づくりを実現します。住み継がれるよい家を、より多くのお客さまにつなぐ家。

OFFICE / MODEL HOUSE
オフィスとモデルハウス

OFFICE

① **HEAD OFFICE**
〒467-0006 愛知県名古屋市瑞穂区御莨町2-15-4

② **仙台 OFFICE**
〒981-3117 宮城県仙台市泉区市名坂字沖101-9
Tel：022-220-1473　Fax：022-707-2492

③ **浦安 OFFICE**
〒279-0012 千葉県浦安市入船4-1-22　2F
Tel：0120-958-791　Fax：047-712-7532

④ **新橋 OFFICE**
〒105-0004 東京都港区新橋2-5-6大村ビル8F

⑤ **虎ノ門 OFFICE**
〒105-0001 東京都港区虎ノ門4-1-28
虎ノ門タワーズオフィス19F .BASE TORANOMON 内

⑥ **西東京 OFFICE**
〒187-0002 東京都小平市花小金井4-37-8
Tel：042-420-5503　Fax：042-420-5553

⑦ **鎌倉 OFFICE**
〒248-0013 神奈川県鎌倉市材木座2-8-38-3
Tel：0467-38-6631　Fax：0467-38-6632

⑧ **愛知長久手 OFFICE**
〒480-1153 愛知県長久手市作田2-1101
Tel：0120-146-991　Fax：0561-62-8006

⑨ **名古屋瑞穂 OFFICE**
〒467-0027 愛知県名古屋市瑞穂区田辺通1-1
ニット101ビル1F

⑩ **金沢 OFFICE**
〒920-8215 石川県金沢市直江西1-32-3
Tel：0120-146-991

⑪ **三重 OFFICE**
〒514-0028 三重県津市東丸之内19-10
Tel：059-271-7601　Fax：059-271-7609

⑫ **大阪 OFFICE**
〒565-0848 大阪府吹田市千里山高塚2-2
Tel：0120-810-490　Fax：06-6310-2705

⑬ **大阪千里山 OFFICE**
〒565-0843 大阪府吹田市千里山松が丘26-12
メゾンリラ千里山1F
Tel：06-6170-9178　Fax：06-6170-9188

⑭ **高松 OFFICE**
〒769-0103 香川県高松市国分寺町福家甲3855-2
Tel：0120-146-711　Fax：087-814-4500

⑮ **九州 OFFICE**
〒812-0878 福岡県福岡市博多区竹丘町1-4-3
Tel：0120-370-319

CORPORATE GROUP

Ⓐ 株式会社ニセコまち
Ⓑ 一般社団法人クラブヴォーバン
Ⓒ 株式会社WELLNEST

MODEL HOUSE

❶ 宮城仙台モデルハウス
〒981-3109 宮城県仙台市泉区鶴が丘1-3-5

❷ 千葉浦安モデルハウス
〒279-0042 千葉県浦安市東野2-26-16
Tel：0120-958-791

❸ 東京花小金井モデルハウス
〒187-0002 東京都小平市花小金井4-37-8
Tel：042-420-5503

❹ 東京日野モデルハウス
〒191-0053 東京都日野市豊田3-13-22
Tel：0467-38-6631

❺ 鎌倉モデルハウス
〒248-0013 神奈川県鎌倉市材木座2-8-38-3
Tel：0467-38-6631

❻ 茨城つくば倉掛モデルハウス
〒305-0024 茨城県つくば市倉掛1179-1

❼ 茨城つくばみどりのモデルハウス
〒305-0881 茨城県つくば市みどりの2-35-5

❽ 名古屋瑞穂モデルハウス
〒467-0006 愛知県名古屋市瑞穂区御莨町2-15-4
Tel：0120-146-991

❾ 愛知長久手モデルハウス
〒480-1153 愛知県長久手市作田2-1101
Tel：0120-146-991

❿ 愛知安城モデルハウス
〒444-1161 愛知県安城市姫小川町舘出143
Tel：0120-146-991

⓫ 愛知安城きづくモデルハウス
〒444-1161 愛知県安城市姫小川町遠見塚127-1
Tel：0120-146-991

⓬ 浜松モデルハウス
〒432-8021 静岡県浜松市中区佐鳴台4-1-3
Tel：0120-146-991

⓭ 金沢モデルハウス
〒920-8215 石川県金沢市直江西1-32-3

⓮ 大阪千里山モデルハウス
〒565-0848 大阪府吹田市千里山高塚2-2
Tel：0120-810-490

⓯ 兵庫西宮モデルハウス
〒663-8031 兵庫県西宮市伏原町2-4-1
Tel：06-6310-2700

⓰ 香川国分寺よはくの家
〒769-0103 香川県高松市国分寺町福家甲3869-5
Tel：0120-146-711

⓱ 香川国分寺プラスエナジーハウス
〒769-0103 香川県高松市国分寺町福家甲3855-2
Tel：0120-146-711

⓲ 香川丸亀賃貸モデルハウス
〒763-0081 香川県丸亀市土器町西3-370
Tel：0120-146-711

⓳ 福岡太宰府モデルハウス
〒818-0122 福岡県太宰府市高雄5-11-9
Tel：0120-370-319

WELLNEST HOME
ウェルネストホーム

「未来の子どもたちのために」という理念のもと、持続可能な社会の実現に向けて「長もち・省エネ・快適・健康」な戸建て住宅や集合住宅を手がける、2012年に創業したハウスメーカー。高気密・高断熱な住宅の高性能を生かして、近年では賃貸住宅やホテル・店舗などの商業施設の設計・施工、住宅のリノベーション、さらに精巧な都市計画に基づいた街区の形成へ事業領域を拡大している。
https://wellnesthome.jp/

デザイン	青山剛士 (drop around)	
撮影	竹田俊吾	カバー、帯、p.4、16、18、23、24、26、34-49、125、180、190
	永田智恵	p.12、18、23、30、50-64、125、180
	土屋哲朗	p.14、20、22、32、101、125、144-160、180
	千葉亜津子	p.16、23、24、26、83、96、121、125、128、130-143、174-175
	松井 進	帯、p.23、28、89-92
	岡戸雅樹	p.176
イラスト	Yunosuke	表紙、p.34、50、130、144
間取り図	長岡伸行	
取材・文	志賀朝子	p.12-31、74-79、84-87、144-160、174-181
	増田綾子	p.34-64
	杉山正博	p.66-73、80-83、88-92、94-127、130-143、162-173
校正	北原千鶴子	
編集担当	東明高史 (主婦の友社)	

100年、暮らしを紡ぐ家

2024年1月31日　第1刷発行

著 者　WELLNEST HOME（ウェルネストホーム）
発行者　平野健一
発行所　株式会社主婦の友社
　　　　〒141-0021　東京都品川区上大崎3-1-1目黒セントラルスクエア
　　　　電話（内容・不良品等のお問い合わせ）03-5280-7537
　　　　　　　（販売）049-259-1236
印刷所　大日本印刷株式会社

© WELLNEST HOME 2023 Printed in Japan
ISBN978-4-07-453954-3